わけあり記者の両親ダブル介護

三浦耕喜
中日・東京新聞社 生活部記者

春陽堂書店

はじめに

わけあり人材よ、負けてはならない。心身にハンディがあるゆえ、勝つことは難しいかもしれない。しかし、あなたにはハンディを通して、世界を違った角度から見る眼を持っている。そして、人が人として生きる上での喜びと辛さを深く知っている。人の心が分かる。人を励まし、力づける説得力を持っている。だから、わけあり人材よ、あなたは負けてはならない。あなたの敗北は人類の敗北なのだから。

この本を書いた三浦耕喜と申します。岐阜県に生まれ、現在は名古屋に本社のある中日新聞社で「生活部」の記者をしております。ぎりぎり四九歳です。中日新聞社は、関東地方では「東京新聞」を発行しています。ややこしいかもしれませんが、以下『中日・東京新聞』と表記いたします。

この本のタイトル冒頭にある「わけあり人材」とは、介護や闘病、障害、子育てなど、この世で生きていく上でのハンディを抱えている人たちのことを意味しています。二〇一七年一月八日付の中日新聞と、同年一月三一日付の東京新聞に「世の『わけあり人材』よ、胸を張れ。わが物顔で仕事をせよ」と書いたのが初出です。

　電通の高橋まつりさんの過労自殺をきっかけに、働き方改革が議論され始めた時期でした。もう、長時間労働など、人間を摩滅させるような働き方はやめよう、これからは介護や子育て、闘病、仕事とをいかに両立させるかが企業経営でも重要になってくる。なぜなら、何らかのハンディを抱えながら生きていくのが、これからの日本人の「標準装備」となる。「わけなし人材」だけで仕事を組み立てるのは限界なのだ。「わけあり人材」でも働けて、キャリアも積める仕組みを作っておくかどうか。企業の経営戦略がかかっている、という内容でした。

　反響は大きく、翌年六月には考え方や、取り組みをまとめた拙著が『わけあり記者～過労でウツ、両親のダブル介護、パーキンソン病に罹った私』（高文研）として出版されました。本書はその第二弾とでも言いましょうか、両親のダブル介護を中心にしたものです。基本的には、二〇一六年二月から二〇一九年六月まで、隔週水曜日に中日・東京新聞に計六五回連載された「生活部記者の両親ダブル介護」に、いくらか加筆してまとめました。

データが古くなったり、現代では考え方が変わってきたりするなどして、本文の一部について修正した部分があることを、予めお断りしておきます。

また、その当時は病歴まだ浅く、あまり書き込むことができなかった「パーキンソン病」についても、説明したいと思います。簡単に言えば、パーキンソン病とは徐々に、体の動きがきかなくなる、根治療法不明の病気です。厚生労働省が指定する「特定疾患」、いわゆる「難病」です。

できることは、服薬によって進行を遅らせることだけです。製薬会社が多額の研究費を投じて、研究者が一生懸命開発してくれた薬です。なので、余りお安くない薬を、一生の間飲まなければなりません。難病に対する助成を受けて、何とかしのいでいる所です。

加えて、並行するように、老いた父・母の介護を同時にしておりました。先に要介護とされた父は二〇一八年八月に他界。母も翌年の一〇月に亡くなりました。

本書の目的は、まとめてしまえば、こういうことを訴えることです。

「介護をする側の苦労や辛さは、介護をされる側が歩んできた人生について関心を持つことにより、ある程度、場合によっては相当程度、軽減される」

一体、これはどういう意味なのでしょうか——。

目次

Ⅱ 病院の母と施設の父 ――二〇一七年 25

Ⅰ　ダブル介護の到来

二〇一六年

一〇月一二日付

1 家族で力を合わせて

□**母**　八〇歳。要介護4。アルツハイマー型認知症。

■**父**　七九歳。要介護3。車いす生活。

「耕喜か…」

母の一言にほっとする。ぼんやりした口調だが、とりあえずよかった。息子の顔は分かっている。車いすから伸べられた母の手を握り、笑みを浮かべようと努力する。

傍らでは、同じく車いすの父が歯の抜けた口で何やら言っている。甘い物はないのかという問いだと理解する。「今日は持ってきてないの」と妻が答えると、父はあからさまに不平そうな顔をした。

わが家に大介護時代がやってきた。父母ともの「ダブル介護」だ。母は要介護4、父は同3。同じ特別養護老人ホームに住む。母はアルツハイマー型の認知症で、自分が今どこにいるかも分かっていないようだ。

こちらは車で一時間ほどの名古屋市内に住む子どものいない夫婦。私は今年で四六歳だ。実家近くで妻子を養う弟と、力を合わせて両親を支えている。平日の手続きなどは妻が担い、休日は私が通って、夜間の急な呼び出しには弟が対応している。父母とも時々、体調を崩して入院することもある。

これまで、東京からの「遠距離介護」も体験。認知症を発しつつあったのだろう母が、在宅で父をケアする「老老介護」も支えた。離職こそしなかったが、実家近くへ転属を申し出る「介護転勤」も経験した。時間の感覚を失った母をなだめ続け、夜を明かしたこともある。

生老病死はだれにも避けられない。世話をするのかされるのか、いずれはだれもが介護の当事者になる。四〇代を超えれば、親の人生の総仕上げも見えてくる。右往左往の私事ながら、記者の体験をつづりたい。

一〇月二六日付

2 母の好物が分からない

□母　熱が下がらず、急きょ入院。

■父　【私の回想】外を歩く機会が激減、足腰が着実に衰える。

自分の親なのに、知らないことばかりだと気付かされる。母の熱が下がらないと施設から連絡が入り、急きょ入院の手続きを取った。何日かして熱は下がったが、病院食をなかなか食べてくれない。看護師さんが言う。

「本人の好きな物をご持参くださいませんか」

母の好物って何だっけ。親には食わせてもらうばかりで、食べさせた経験がない。子どもには一品増やしても、自分は粗食で済ませる母だったので、何かを喜んで食べている姿も記憶にない。話の通じるうちに聞いておけば良かった。あれこれ迷って果物の缶詰を選んだが、口に合うだろうか。知らないといえば、親が老いる姿もそうだった。正直に言えば、まだ大丈夫だろうと安心していたかった。今から振り返ると、あれが兆しだったのかもという数々のシーンを思い出す。

二〇〇九年、三年の任期を終えて、楽しかったベルリン特派員から戻ったころのこと。散歩の供に犬を飼い始めたと母から聞いていた。どんな犬かと実家を訪ねると、庭に茶色い雑種の中型犬が、所在なさげに地面を嗅ぎ回っている。父が引き取ってきたのだという。だが、半年後に帰郷した時、犬はどこかに消えていた。父は「犬に引きずられて転んだんや」とあごをさすっている。前歯も折ったそうだ。老夫婦では犬一匹世話できなくなったと、犬は以前飼われていたところに返されたのだった。

地域コミュニティーから漏れている男性シニアにとって、ペットとの散歩は、外を歩き回れる数少ない大義名分だ。それを失った父は、以来、出歩くことも少なくなった。足踏み運動器などの健康器具は増えたが、どれも長続きしなかった。着実に父の足腰は衰えていった。

一一月九日付

3　食べることへの執着が命をつなぐ

□**母**　入院中。口からの食事を受け付けない。

■**父**　見舞いへの車中でどら焼きを一気食い。

この夫婦のもとに生まれて四六年になるが、父が母の手を握る姿を見るのは初めてだ。晴れた日曜日、施設から父を連れ出し、母のいる病院へ向かう。時間はかかるが、車いすから車への移乗は自力でできた。父は元気そうだ。

病院で車いすに移り、ベッドの脇で母と対面する。口からの食事を受け付けないことは知らせてある。父はしばらく無言で母を見つめた後、点滴の刺さった母の右手に自分の手を重ねた。

「飯が食えんのか。飯、食わんといかんぞ」。父はかすれた声を絞り出す。「甘い物はどうや。わしは、さっき、どら焼き食ったぞ…」

落涙する父を見ながら、行きの車中で父がどら焼きを一気食いしていたことを思い出す。父は真っすぐ病院に行かずにコンビニに寄り、甘い物を求めるようせがんだのだ。笑いをこらえる妻の顔が目に入る。

思えば、食べることに意欲がなくなったのも、母の認知症の兆しだったのかもしれない。実家にたまに帰る身だったが、気付くチャンスはあった。

ベルリンから戻った翌年の正月。元旦の食膳から煮しめが消えた。それまで母は、具材を別々に煮込んで合わせるなど、手間をかけて作っていた。

聞くと、「お父さんと二人だけやで」と母。二人暮らしはそんなものかと聞き流していたが、冷蔵庫やごみ箱にスーパーの総菜のパックが増えたのもこのころだったように思う。

「割烹《かっぽう》も習ったの」と自慢する母だったのだが。

食べることへの執着が頭を働かせ、命をつなぐ。

病院から施設への帰り、「わしは心配ない。まだ食べられるで」と父は言った。

一一月二三日付

4 一喜一憂は禁物だが、今日は一喜！

□母　久しぶりに口からものを食べる。
■父　ミカンを食べる母を見て喜ぶ。

「介護で一喜一憂するのは禁物」とよく言われる。でも今日は、「一喜」をかみしめようと思う。長いこと点滴だけで、口からの食事を受け付けなかった母が、久しぶりにものを食べたのだから。

「ミカンなら食うんやないかな」。思いついたのは弟（四四歳）だった。肉も魚も好まぬ母だったが、確かにかんきつ類は食べていた。酒を飲みに家を出た父を待つ夜、ストーブの脇で私たち兄弟にミカンをむいてくれたことを思い出す。

病院に家族がそろった時にミカンを持参した。弟に手渡すと、弟はまず丁寧に手を洗い、皮をむきはじめた。小房に分けると、袋を破って実だけを取り出した。

「袋は食べん人やからね」と弟。手で口元に運ぶと、母は口の中に受け入れてかみ始めた。

「うまい？」との問いにうなずく母。傍らの父も「食っとる、食っとる」と車いすから身を傾ける。母は丸々一個のミカンを平らげた。

正直、「一憂」ばかり繰り返した。介護を予感して本気でまずいと案じたのは、帰るたびに台所が荒れていったこと。卓上は食べかけの総菜の類いで隙間もない。床には散らかったビニール袋の間にナスやらダイコンやらが埋もれている。冷蔵庫には賞味期限切れの肉や豆腐の奥で、キュウリが液状化していた。

片付けながら、親の老いを発掘しているような気分になる。食器棚の下を開けると、昭和時代のサイダーがほこりにまみれていた。幼いころ、誕生日やクリスマスに親からもらっていた銘柄だと気付く。しばらく眺め、そのまま扉を閉めた。だからサイダーはまだ家にある。

一二月七日付

5　老いとは、好きな時に好きな所へ移動できなくなること

□母　転院する。寝台ごと乗降できる福祉タクシーを利用。

■父　【私の回想】車を手放してから、ますます家に閉じこもる。

母が急ぎ転院することになった。きょうびは病院に長居させないのが国策であることは知っていた。だが、実際にそう求められると戸惑うばかりだ。

新しい病院？　どこに？　費用は？

不安に陥っているところに、病院のソーシャルワーカーを紹介された。転院先の候補、受けられる医療や介護、費用などについて説明を受ける。あまり選択肢はない。促されるように、ある病院に申し込む。

会社の介護休暇を取って転院の手続きを行った。「お母さん、今日は引っ越しですよ」

と声をかける。母はかすかにうなずくが、落ち着く間もなく親を移すことに後ろめたくなる。

移動には、寝台ごと乗降できる福祉タクシーを頼んだ。後部のスロープから押し上げられていく母を見て、母はもう自分では動けないのだと実感する。

老いとは、好きな時に好きな所へ移動できなくなることでもある。父が車を手放した時もそうだった。父が七五歳を超えたころだと思う。父の車に傷が増えた。車庫に面した家の配管も傷んでいる。「人をひくんじゃないか」と母も案じたが、父は聞かない。「車なしでは生きていけん」と。ある時、父は車庫入れに失敗して塀を崩した。父が意気消沈している隙に、弟は車を廃車にした。

高齢ドライバーによる事故が目立ち始めていた。人を傷つけないうちに、軽く済んだとほっとした。だが、それで父はますます家に閉じこもった。事故を防ぐためとはいえ、移動の手段を奪ったことで、父の老いを早めたのかもしれない。今ではそう思う。

一二月二一日付

6　ふるさとの力が母を元気づける

□母　見舞いの姉と妹にははっきり反応。

■父　【私の回想】腰痛をきっかけに床に伏しがちになる。

認知症になると新しいことは頭に入らないが、昔のことは命に刻まれているという。そう聞いてはいたが、本当だった。

母の姉と妹が、入院が長引く母を案じ、鹿児島から出てきてくれた。車で案内する間、状況を説明する。依然として主な栄養は首からの点滴で補っていること、随分やせたこと、話がかみ合わないことなど。近ごろ、息子の名前がなかなか出てこない時もある。ショックを受けないようにと思った。

だが、母は反応した。姉が現れると、薄目だった母は目を見開いた。「私はだれね？」

の問いに、「ねえさん…」とつぶやく。傍らの妹にも名前で呼び掛ける。姉が母に顔を寄せて声を張り上げた。

「あんた、たもりなさいよ。たもらんと元気になれんよ」

タモる？　と思ったが、文脈で「食べる」の意味だと理解する。母にとっては懐かしい鹿児島の言葉だ。うなずく母。

姉たちは土産に「かるかんまんじゅう」を置いていった。後日、小さくちぎりながら食べさせると、母は一個の半分ほど平らげた。

今は要介護度では母の方が進んでいるが、最初に床に伏しがちになったのは父だった。きっかけは腰痛になったこと。それまでは二階で寝ていたのだが、トイレに行くのに階段を下りることもつらいと、ベッドを一階に移した。

腰痛はしばらくして治まったが、父は寝床を二階に戻すことはなかった。車も手放し、たまに庭に降りる以外は、ベッドと隣の居間を往復する毎日だった。「お父さんが寝てばかりおる」。母が曇った声で電話をかけてくるようになった。

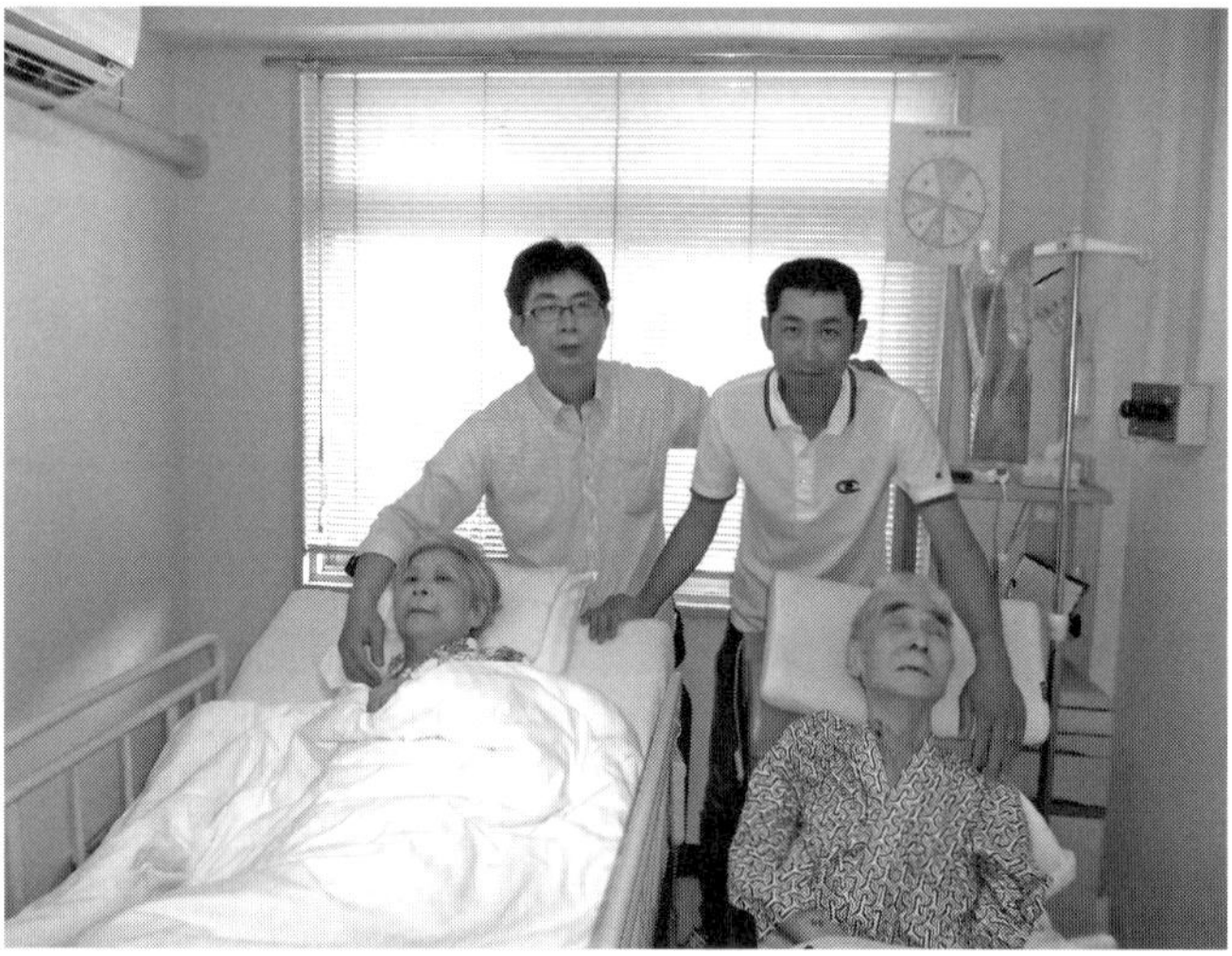

Ⅱ 病院の母と施設の父

二〇一七年

一月四日付

7　自分ひとりではない。あなたもひとりではない

●私　読者の手紙に励まされる。

「自分ひとりではない」

その思いにどれだけ励まされることか。

「あなたもひとりではない」

そう呼び掛けることで自分も力づけられる。決して望んだわけではないダブル介護だが、そんな幸せをかみしめる。

お手紙を頂いた。流麗な文字で「一ファンより」とある。ドキドキしながら封を切った。当連載への反響のお手紙だった。昨年三月に夫を亡くした六九歳の女性からだった。車いすの夫を一四年間介護したという。心労でうつ状態になったことも。でも「介護生活は

体力的には大変でしたが、それ以上に多くのことを学ばせてもらえました」とつづっている。私をいたわる言葉に続き、「夫もどら焼きが大好きでした」と結ばれていた。私の父と同じだ。

手紙で、はがきで、メールで、時には直接電話で、「実は私も…」「ひとごとと思えない」と伝えられることが多くなった。正直うれしい。メッセージは何度も繰り返して読んでいる。

その中で気になる人がいた。匿名で電話をかけてきたその人は、記事に複雑な思いを抱いていた。年配の女性と思われる声の主は言った。「あなたは親を施設に入れているのでしょう。それは介護ではない」。

聞けば、義父を一〇年間在宅で介護したという。「長くご苦労をされてきたのですね」と話すと、その人は「少し言い過ぎました」と電話を切った。

介護の孤独をかみしめてきたに違いない。でも、その経験が、その言葉が、多くの人の励ましとなる。少なくとも自分にはそうだ。あなたの話が聞きたい。今も電話を待っている。

一月一八日付

8 正月に一時帰宅でくつろぐ

□母 【私の回想】父の介護を電話口で嘆く。
■父 「マアエッポン」のウインナーを食べる。

父のため、正月にはウインナーを用意した。施設から一時帰宅させて行うわが家の小宴で、何が食べたいのか問うたのだ。

「『マアエッポン、マアエッポン』って、テレビでやっとったハムがあるやろ」との趣旨の話をする父。聞き取った関西出身の妻も名古屋弁であろうと類推し、ただちにネットで探し出してくれた。「もう一本、もう一本」と、ついつい手が出るというローカルＣＭで知られたハム会社のウインナーだった。

食膳には刺し身などもそろえる。かみ切れないかもとネギトロも用意したが、サーモンやマグロを次々平らげていく。おせちの昆布巻きまでかみ下した時には、心配するのもやめた。

久しぶりになめた酒に興に乗った父は、床に座らせ腰を落ち着かせろとせがむ。弱った足腰では立ち上がれなくなるので、いすに座らせていたのだ。心のどこかでアラームが鳴る。

父の介護が始まる前もそうだった。床に座ると自力で立てなくなったのだ。最初は座卓にしがみつきながら何とか立ち上がっていたが、次第に時間がかかるようになる。母も手助けの仕方が分からない。尿意をもよおしても、間に合わなくなることも出始めた。

「赤子と同じ」と電話口で嘆く母。「いいや、赤子の方が小さくて楽やわ」と。

そんなことを思い出しながら父をなだめる言葉を探す。何回かの問答の後で父は言った。

「ええやないか。久しぶりの家やで」。

それもそうだ。今日は弟もいるから大丈夫か。第一ここは父の家だ。父の好きにしていいのだ。弟と父の両脇を支えながら、腰を下ろさせた。

二月一日付

9 消えた有権者

□母　認知症のため、一票が入れられない。

■父　施設職員は大忙し、手続きを頼みにくい。

政治家ならだれもが、「介護は国家の大事」だと口にする。その課題の当事者なのに、ものが言えないのがもどかしい。一枚の紙を前に腕を組む。

母宛てに届いた地方選挙の入場整理券だ。介護保険の手続きを通じて、母は入院中と役所には届け出ているが、この手の通知はしれっと家に届く。

選挙には欠かさず行く母だった。幼いころ、「大事な仕事をする人を決めに行くんやよ」と投票所にも連れて行ってくれた。

そういえば、母がこの人に入れると話した候補の「ポスター」をお絵描きで書いて、家の前の電柱に貼ったことがあったっけ。たちまち母に見つかり、「イハンになるんやよ」とはがされた。でも、母にしかられた記憶はない。だから、「うーん…」と思うのだ。ダメ元で選挙管理委員会に聞いてみる。「郵便投票ができますよ」と言われたが、認知症のことを話すと、とたんに声がくぐもる。「お気の毒ですが…」。本人の意思確認が明らかでなければだめなのだ。

施設にいる父についても聞いてみる。意思確認はできる。なので、施設を通して手続きをということで、「施設の方にご相談ください」と言う。

だが、私はいつも見ている。施設のスタッフは日々の介護にきりきり舞いで、その上に、膨大な書類づくりにも追われている。制度は猫の目のように変わり、そのたびに負担は増えている。これ以上、仕事を増やすことは忍びなさすぎる。

このようにして、数百万人の人たちが「消えた有権者」になっていくのだろうか。今年は総選挙もあると言われているのだが。

二月一五日付

10 スタッフ手作りの誕生日カード

□**母** 八一歳の誕生日。お祝いの言葉に「ありがとう」。

お気付きになった方もいると思うが、母の年齢がひとつ増えた。つまり今年に入って誕生日が来た。週末と重なり、祝意を伝えるべく車を走らせる。

親不孝を恥じるばかりだ。母親の誕生日もうろ覚えだった。「〇日、いや、その翌日だっけ?」という程度で四十数年を生きてきた。東京にいた時も、だいたい、その辺で何か贈っとけばいいだろう、くらいに。

今ようやく、誕生日をはっきり言える。介護保険などの手続きで、数十回は母の誕生日を記してきたから。

子どものころ、とっておきのサイダーの栓を抜きながら、母は「おめでとう」と祝ってくれた。では、きちんと母の誕生日に「おめでとう」と言えていたのかどうか。言ったと思いたいので記憶を探る。

一年で最も寒い時季。インフルエンザ対策で面会には制限がある。お年寄りばかりの病院のこと。ウイルスを持ち込まないよう、外部と遮断するのが基本だ。面会できるのは必要最小限の用向きと人数、そしてごく手短に。なので、着替えを届けに一人で向かう。

消毒液で丹念に手をもみ、マスクをかけて母のベッドの脇に立つ。

「お母さん、今日はお誕生日ですね」

マスク越しだからだろうか。ややあって母は反応する。

「耕喜か…」

手早く洗濯物を回収し、着替えを棚に入れる。物品の持ち込みも控えなければならない。花もプレゼントもない誕生日。病院のスタッフが手作りしてくれたお祝いカードに救われる。

「お母さん、お誕生日おめでとう」。そう言うと母は答えてくれた。

「ありがとう」

11

三月一日付

食べられるようにいちょう切り

■父　八〇歳の誕生日。指定のハムに「これを待っとったんや」。

母に誕生日がきた後、父にも誕生日がきた。父は母とは一年と二週間ほどの年下。今度は父に祝意を伝えるべく施設へと向かう。

正月にわが家での小宴で用意した「マアエッポン」のウインナーに味をしめたらしい。お祝いは何がいいかを問うた事前リサーチに、父は「〇〇ハム」と、今度は商品名を指定した。岐阜県で生産されている名物ハムだ。手には入れたが、どう食べさせようか。思案している間に、妻はハムをいちょう切りにして食品容器に詰めた。

父のいる施設でもインフルエンザ対策で面会制限がある。居住スペースの二階には立ち入れない。だが、車いすに乗れる父は一階に連れてきてもらえる。エレベーターが開き、片手を振りながら現れた父。玄関脇の談話スペースで祝意を込めて父に言う。

「ハム持ってきたよ」

「これを待っとったんや」とフォークでつつき始める父。

「お父さん、お誕生日おめでとう」と言う妻の声も聞いていない。ハム・本の半分くらいを用意したはずだが、父は完食した。

内装業であちこちの現場を回った父は、各地のグルメに詳しい。家族旅行も兼ねて連れられたことも。

岐阜県白川村の合掌造りの宿にも泊まった。その時の現場は村役場。「ここ村長さんの机やぞ」と机に乗って天井の壁紙を張る父。母も弟も私も壁紙ののり付けを手伝った。

「〇〇ハム」も、私はそういう中で初めて口にしたのかもしれない。

暖かくなれば面会制限も解ける。父を外に連れ出せる。母のいる病院に行こう。久しぶりに家族がそろう。

三月一五日付

12

母が自分で食べてる！

□**母**　五皿完食で、点滴も外れる。

■**父**　【私の回想】「下の世話」の出始めで介護を実感。

アルプスの少女ハイジも、足が悪い親友の「クララが立った！」時はこういう気持ちだったのだろうか。母が自分の手でものを食べた。

一報をもたらしたのは妻だ。「お母さんが自分で食べてる」。証拠写真も見せられる。確かに左手にわん、右手にスプーンを持っている。次の休み、真偽を確かめるべく車を走らせる。

道が混み、着いた時は食事を終える寸前だった。手の消毒ももどかしく病室に向かう。見れば、ご飯もおかずもミキサーにかけた流動食だが、五皿とも完食している。「お母さん、全部自分で食べたのですか」。いきなりの問いにスプーンを持ったままキョトンとする母。お盆を下げに来た看護師さんも「良くなったねえ。うれしくてこっちまで泣いてまうわ」と笑う。

郷里の鹿児島から母の姉妹が訪ねてきたころを境に、口からものを食べるようにはなっていた。だが、首から入れていた点滴まで外れるとは。何だかほっとして体から力が抜ける。ベッドの柵をつかんで、しゃがみこむ。柵に額を付けて言った。

「お母さん、よかったね…」

介護の始まりはいつか。実感としては「下の世話」が出始めるころだと思う。父も最初は時々、尿意を覚えても間に合わない程度だったが、やがて、間に合わないのは尿だけでなくなった。私も週末は、当時勤務していた東京から帰ることが多くなった。

家に着くとまず庭の水場を見る。案の定、汚れた下着がバケツの中で水に漬かっている。腰を手術したことのある母にはしゃがんでの洗濯仕事は難儀だ。何か浮いているがやるしかない。袖をまくり、両手をその水に差し入れた。

三月二九日付

13 老いていく〝記憶の器〟

□母　戦争の話を聞く最後のチャンス。

大ヒットとなったアニメ映画「この世界の片隅に」を見た。五回も見た。一八歳で広島県呉市に嫁いできた女性「すずさん」を主人公に、戦中・戦後の暮らしを丹念に描いた傑作だ。

介護のコラムに、なぜ映画の話なのか。母も映画に出てくる少女「晴美ちゃん」と同じ、戦争を生きた「少国民」だったことに思い当たったからだ。

終戦当時、母は九歳。記憶があるには十分な年齢だ。幼いころ、私が何かほしいと駄々をこねると、「ぜいたくはいかんよ。戦争中は何もなかったんやで」と諭されたことを思い出す。だが、まとまった話として戦争のことを聞いた記憶がない。

調べると、母の故郷、鹿児島市も空襲に遭っている。インフルエンザ対策で引き続き長居はできないが、母に問う。

「戦争の時の話を聞きたいんだけど」「せん？」「せ・ん・そ・う」

話がかみ合わない。

「空襲があったの？」「くう？」「お母さんも疎開したんですか？」「…」「そ・か・い！」

防空壕《ごう》は理解できたようだが、『子どもながら素手で掘った』という話になっている。意味のある話として聞き出せたのは次の内容くらいだった。

食事は、米ではない「くちゃくちゃしたもの」を茶わん三分の一ほどだけ。食料と交換するためにお気に入りの洋服を脱がされ、ぼろぼろの服を着せられた。それを着て学校に行ったら、男の子たちがばかにして服を引っ張られ、破かれた。

天井を見つめる母の目尻から涙が流れる。少女が見た本当の戦争の記憶。その記憶の器が目の前で老いていく。

四月一二日付

14 母たちの戦争体験

□母の姉　疎開先から母と一緒に市街の空襲を見たと話す。

年寄りの話は聞くものだ。その記憶が断片になってしまったとしても、いろいろ突き合わせれば、何かが見えてくる。

母が自分の手で食べられるようになった報告がてら、鹿児島市に住む母の姉、つまり私の伯母に電話する。母に戦争の話を聞いたこと、認知症で断片的な話しか聞けなかったことも伝える。母より二つ年上の伯母に問う。

「母が食べていたという『くちゃくちゃしたもの』って何ですか?」

「くちゃくちゃ?　ああ、それは茎よ。サツマイモの茎」

サツマイモはその名の通り鹿児島が大産地のはず。なのに、鹿児島の子がイモも食べられず、茎を食べていたとは。重ねて問う。

「疎開はしたんですか」

「したよ。お父さんの同僚のつてで『吉野』という所に家を借りて」

グーグルマップで鹿児島市街の北東一五キロ辺りの郊外にその地名を発見する。

「空襲がひどくなって、終戦までの二カ月くらいいたんだよ」

戦史を開く。本土南端の鹿児島には、本格的な日本上陸作戦に向け、米軍は特に念入りに空襲を繰り返したとある。最初は基地に。続いて市街へ。一九四五年四月二一日の空襲で米軍は約二百発の爆弾を投下。不発弾が多いなと油断していると、時間を置いて次々爆発した。アニメ映画「この世界の片隅に」にも出てくる時限爆弾だ。「いつ爆発するか分からず、神経的に相当の打撃だった」と戦史はつづる。

そして同年六月一七日の大空襲。「疎開先からも空が真っ赤になってるのを見たんだよ。あんたのお母さんも一緒に見たんだよ」と伯母。

そうか。そんな中を生き抜いてくれたのか。母は。

四月二六日付

15 ベッドで楽しむ花見

□**母** 紙コップの桜をめでる。

■**父** 花見酒をちびちび味わう。

これも一種の「共謀罪」か。桜が満開の日曜日、弟と共に謀《はかりごと》をめぐらす。「桜の枝を折ってこい」。首謀は私。実行は弟。だが、弟は枝を折るのは忍びないと、ちぎれかけた小枝を「助けてきた」と言う。

多くの手に触れたからであろうか。ちぎれた小枝はいくつかの花を付けながら、水を入れた紙コップに保護されていた。プラスチックの上ぶたの飲み口が、枝を挿すのにちょうどいい。

「準備行為」も整った。本当は、父を施設から連れ出して母のいる病院へ行き、「一家で花見」といきたかった。だが、父は微熱が下がったばかり。なので二部構成とする。

施設での一次会。「外は満開やよ」と弟は桜を見せるが、父の目は私が持つコンビニ袋に注がれている。「花より団子」ではあるが、今日はクリーム入りの洋菓子。「甘ければ何でもいいんや」と父。

「では、花見酒も」と私。父におちょこを渡し、三分の一ほど注ぐ。「うまいな…」と父。酔わすわけにはいかない。せがむ父をちびちびとなだめながら一次会を終える。

花見客でごった返す辺りを避けながら車で二次会へ。途中渡る川の堤も満開だ。この土手で親戚一同で花見をしていた昔を思い出す。兄弟共に家を出て、そんな習いも絶えて久しい。

母のいる病院に着いた。兄弟そろうのは久しぶり。弟が母に桜を差し出す。「いっぱい咲いとるよ」と弟。「きれいやねえ」と母。母はベッドから伸ばした右手を、紙コップの脇でかすかに揺らす。「本当にきれいやねえ」。気が付いた。母は花をなでているつもりなんだ。

16

五月一〇日付

米を食べられぬ米農家

■父　馬のえさを横取りした思い出を語る。

父の話も聞いてみる。母が空襲で燃える鹿児島市の炎を見ていた時、同じ「少国民」として父はどうしていたのか。母はサツマイモの茎を食べていたが、農家に生まれた父は食べ物には困らなかったのではないか。

「そんなことない。米なんて食えんかった」。かすれる声で父は答える。米農家のはずだったが、と問うと父は言う。「つくった米は国に供出せんといかん」。

落ち武者だという三浦家の先祖。田は山の斜面に開くほかなかった。「だから段々に田んぼをつくって…」。

ダム工事に伴って消えた集落跡へ父に何度か連れられて行った。すでに杉林に覆われていたが、こけむした石積みが確かに山の上まで続いていた。「石を積んで細かに仕切るで、ちょっとしか植えられん。平らな田んぼの半分もとれん」。

だが、役所は地図だけ見て面積あたりの供出量を決める。平らな田の農家は供出分と家の分を確保し、残りはヤミにも売れたが、父の家では供出分がやっと。「『すまんが、この米は食わせられんのや』。おやじが言っとった」。いかにもというお役所仕事。結果、米農家の子どもはイモばかり食べていた。

「腹減って。クラブ（隣保館・公民館のこと）に置いてある大豆の搾りかすをくすねて食べて。本当は馬に食わせるやつを横取りしたんや」「馬には何を？」「道端の草を刈って…」

父の兄弟姉妹はほとんどが鬼籍に入り、当時を語れるのは父ぐらいになった。

母のいる病院に向かう時間だ。「続きは今度聞かせてよ」。去り際に言う。父は話し足りなそうな表情でうつむいていた。

五月二四日付

17 高齢者には暮らしの記憶が収蔵されている

□母【私の回想】認知症に困る問題行動を母の人生から理解する。

介護のコラムのはずなのに、最近年寄りの昔話ばかり。もしや回数を稼ぐための筆者のたくらみではないか――。読者にそう悟られる前に説明せねばならない。それもあるが、介護する側の心理的負担を軽くするために「介護民俗学」の手法が実に有効だと感じるためだ。

介護民俗学とは民俗学者から老人施設の職員に転じた六車《むぐるま》由実さんが提唱する概念だ。二〇一四年二月一九日付の中日・東京新聞生活面でも紹介されている。

私の理解するところで説明すると、介護民俗学では高齢者をその時代を目撃し、体験してきた「記憶の器」だととらえる。一人の高齢者、一つの老人施設には、地元のどんな郷土資料館や、どんな図書館も及ばない生きた暮らしの記憶が収蔵されているのだ。重要文化財、場合によっては国宝級でもあろう。

一見無意味に見える認知症患者の行動も、この手法を応用すると理解できる。

母もまだ歩き回れた時、トイレに入るたびにトイレットペーパーを手にぐるぐる巻きにしていた。また無駄にして…とイラッとくることもあったが、お尻を拭く紙にも欠いていた時代を経たことを思うと、「そりゃ、紙があるうちにゲットしとこうと思うよな」と納得できる。

「お母さん、紙ならいっぱいありますよ。もう行列に並ばなくてもいいんですよ」

「ほうかね」

やりとりもやさしくなる。

想定外の展開に振り回されることばかりの介護では、この「理解」と「納得」こそ、日々を穏やかにしてくれるのだ。使える介護民俗学。よかった。次回もこの応用例で書きつなごう。

六月七日付

18

ののしり合っていた夫婦が今は

□**母**　認知症は進んだが、父の顔は忘れない。

■**父**　母が食事をきちんと取っているか気づかう。

気が付けば、再び家族がそろうまでに半年近くたってしまった。

とある週末、弟と共に父を施設から連れ出す。相変わらず父は車中でも「甘いものはないのか」と問う。「お母さんの所でね」となだめる。

冬はインフルエンザ対策で外出禁止。暖かくなっても父の微熱が続いた。熱は引いても、われら兄弟の都合が合わなかった。

私は持病のパーキンソン病の療養のため、弟は子どもの野球クラブの試合や練習で、週末のどちらかを費やしている。

認知症もずいぶん進んだが、母は父の顔を忘れない。顔をくしゃくしゃにして父の手を取る。父「ちゃんと食べとるんか」。母「今度どこ遊び行く？」。やりとりはちぐはぐだが、いいシーンだ。人生の終盤に至って、お互いをいとしく思えるようになったなら何よりだ。互いにののしり合っていた三、四年前を思い出す。

わが家は足腰のなえた父を母が世話する「老老介護」に陥っていた。今から思えば、母には既に認知症の兆しもあったから「認老介護」と言うべきか。父は世話をされる情けなさの裏返しで、母への言葉を荒らげた。

父におむつをはかせようとする母。だが、説明書きを理解できず、おむつの前後ろも怪しい。「ちゃんとやれ！　役立たず！」。父の罵声に母も耐えられない。「毎日毎日…もう嫌！　鹿児島へ帰る！」。なだめようとすると「耕喜は知らん。一緒に住んどらんから何も知らん！」。私にも怒りの目を向ける。

そんな夫婦の確執を前回紹介した「介護民俗学」の手法で収めたこともあったのだが、稿が尽きた。次回へと続く。

六月二一日付

19 母にほめられたい

□母　私の著書を手に取り、ちぐはぐだがほめる。

久しぶりの感覚だ。車のハンドルを握りながら思い出す。

中学三年の時、夏休みの工作で金賞を取った。基板から自作したヘッドホン型ラジオ。早く母に見せたい。ほめられたい。はんだごてを落としてカーペットを焦がしたことも、金賞に紛らせてうやむやにしよう。いろいろ考えながら、梨畑の間を少年は自転車で疾駆した。ギアは六段、立ちこぎだ。

安全運転で病院に着く。着替えを出し入れする気配に母は目を開く。

「耕喜か…」

「そうです。その耕喜が今度、本を出しまして」

リュックから一冊取り出す。「『わけあり記者』っていう本です。ここに『三浦耕喜』と書いたるでしょう」。

手に取ってしばし眺める母。「これは本かね」「そうです。これは本です」。

初等英語の教科書のようなやりとりを繰り返し、息子の耕喜が本を書いたらしいと理解してもらう。母は震える指で本を開く。

「今日も新聞に載っとったね」と電話をくれていた昔を思い出す。「難しくて分からんかったけど、大事なことが書いてあったね」。明らかな矛盾だが、ほめているのは分かる。

実家に帰ると「耕喜の記事、とってあるの」と小箱を見せられた。それらは私の記事だったり、私の記事でなかったりしたが、喜んでいることは確かだ。認知症で新聞が読めなくなっても、入所する最後まで購読を打ち切ろうとはしなかった。

あらためて表紙を眺める母。

「どう？」。そう問うと、母は背表紙をつまみながら答えた。

「ここが固いでええね」。

何か違うが、まあいいか。「ええね」と母にほめられた。

七月五日付

20 金銭管理で銀行とバトル

● 私　預金引き落としの手続きで疲弊する。

東京・大阪の限界を指摘し、将来の首都化を提唱した名古屋文化圏の愛唱歌「名古屋はええよ！やっとかめ」（歌・つボイノリオ）流に詠じればこうか。

「♪○○○○銀行はまあアカン！　終わっとる、とろくさい手間をかけさせられる」

両親の金銭管理で年金が支給される二カ月に一度、社の介護休暇を取って実家近くの金融機関を回る。「暇じゃないのに『休暇』かよ」というグチは言わない。

ため息が出るのは○○○○銀行だ。実名は出さない。好きな文字を入れて想像していただきたい。

母の年金だけでは病院の支払いに足りない。なので、母の定期預金を崩している。問題は、同居していない家族が引き落とすための手続きについて説明がまちまちなのだ。

「そんなこと聞いてません」「確かに説明しました」「では前はなぜできたのですか」「管理者（支店長相当）がいたからです」「では管理者を出してください」「出張中です」「そんな都合は利用者には関係ありません」

病により震える手で何枚も書類を書く。心身とも疲弊する。

前任の管理者当時は平穏だった。まだ母が窓口に来ていた時分。次第に衰えていく様子も見ていた。いよいよ私が管理するとなった時、「お母さん、来られなくなったんですね」と悟ってくれた。ありがたかった。

「理解」から入るのか、まず「規則」をかざすのか。手続きは同じでも、心の負担はまるで違う。

ようやく手続きを終えた後に語る。

「ご近所の方々も母と同世代です。お互い嫌な思いをしなくて済むやり方を考えましょうよ」

若い職員は頭を下げた。

七月一九日付

21

よみがえる七夕の思い出

□母　私が読者から贈られたササ飾りに「きれいやねえ」を連発。

母と七夕を楽しめたのは初めてかもしれない。

私のファンと言って下さる読者の六〇代女性から「ササ飾り」が届いた。拙著『わけあり記者』（高文研）をたたえ、「最高の新聞社です」「第二弾、第三弾が出版されますよう」等々、短冊に祈りがつづられている。

母に見せびらかすべく病院へ。花火やアサガオの飾りをあしらったササに「きれいやねえ」を連発する。よかった。母に恥をかかせた罪をあがなえたか。

小学一年か二年だったか、クラスの皆で短冊を結わえた。授業参観があって、母たちはササ飾りに群がった。母も私の短冊を見つけたが、たちまち笑顔が曇る。周りのお母さん方もクスクス笑っている。私は短冊に「お父さんとお母さんがケンカしませんように」と書いたのだ。

子どもでも「なぜ結婚したの？」と思う両親だった。小爆発を繰り返し、辛抱となだめすかしで繕ってきた家族だった。だが、始まった介護は家族の抱える問題を容赦なくえぐり出す。手際が悪いとなじる父に母は一〇倍言い返す。既に認知症を発症していただろうが、屈辱の記憶は鮮明だ。今で言うＤＶに苦しめられた恨みをまくしたてる。

母の繰り言は中学の時から聞かされていたが、初耳の話もある。おお、これは、年寄りの悪口や不可解な行動にも、そこに時代を生きてきた証言を見いだす「介護民俗学」の好機ではないか。私はリュックからノートを取り出す。

「ちょっと待ってください、お母さん。おなかを蹴られたのはどこにいた時のことですか？」

「それで僕の頭に仏壇が飛んで来たのですね。覚えています」

母の罵詈《ばり》雑言は、次第に夫婦の歴史をたどる静かな「証言」になった。

八月二日付

22

母だけによる父の介護は無理と悟る

□**母** 【私の回想】日に何度も電話で父について泣き言を言う。

■**父** 拙著で施設スタッフに大酒飲みを知られ不機嫌。

父の機嫌が悪い。体調は悪くない。持参した酒まんじゅうも、よもぎまんじゅうも平らげた。それでもブツブツ言う。

聞けば「ワシの株が下がった」と言っている。「耕喜の本や。ワシを『酒飲み』と書いて」。拙著『わけあり記者』（高文研）を読んだと言う。「ここの人（施設スタッフ）、全員読んどるわ。酒が好きなんやねと」。

この年にして、ルーペを駆使して本を一冊読み切ったことは尊敬に値する。元の株価が高かったかどうかもおこう。だが、記者として事実関係の誤りは捨て置けない。

「違います。耕喜はお父さんのことを『酒飲み』とは書いていません。『大酒飲み』と書いたのです」。むしろ「腹に家を一軒建てた」と、費やした酒代を豪語していたエピソードに触れなかった点に温情を感じていただきたいものだ。そう指摘すると、父は「よう覚えとるな…」と横を向いたままで苦笑した。

忘れるわけがない。深夜に突如現れる酔った父は、子どもには「水曜スペシャル」顔負けの怪物だ。

当時の母は耐えた。だが、老いても介護という形で父にかしずく人生に母はやり切れなさを膨らませていた。自分の認知力が落ちていることも、認めないながらも気付いていた。

「毎日怒鳴られ…頭の中にかすみがかかっとるようやわ」。

日に何度も電話で泣き言を聞かされながら考えた。もう、母だけでは無理だ。助けを呼ぼう。取材でも耳にするあれを使おう。

地元自治体の名と共に「介護保険　利用　相談」と打ち込んでインターネットで検索をかける。母校の小学校の裏手に「地域包括支援センター」なるものが存在することを知った。

八月一六日付

23 父と施設内でこっそり小宴

■父　スタッフに見付かり、酒好きの本音ポロリ。

高校で早弁をした時のような緊張感が走る。施設のリビングに父を見つける。普段はここでどら焼きなどを渡すが、さりげなく自室へ車いすを押す。

大部屋を板壁で仕切った半個室。周りを見渡しながら、そっと大部屋のドアを閉める。父が注視する中、コンビニ袋から取り出したるは、日本酒の小瓶。父の表情がみるみる緩む。

栄養管理された食事により、父の健康状態は家にいたころよりも良い。一方、酒は飲めなくなった。嚥下《えんげ》の支障や酔ってトラブルとなる可能性から、施設ではお勧めできないのだ。とはいえ、私も父の血を継いだ身なので分かる。たまには父も飲みたかろう。サバの缶詰をさかなに、ささやかな宴《うたげ》が始まった。

今はすっかりお世話になっているが、介護保険を使い始めるまでが一苦労だった。効果や費用も不安だったが、一番の壁は家族以外の者を家に出入りさせることだ。

「地域包括支援センター」という相談窓口は把握した。だが、父の説得に骨が折れた。

電話するたびに「おまえらがこの家に入れ」と父。ならば私の仕事はどうなる。「それができないから言ってます」と私。父は長男の嫁たる私の妻に頼る気満々だった。

当時を思いつつ、父の杯に酒をつぎ足す。突如、声がする。

「お酒飲んでます？」

しまった、スタッフに見つかった。向かいのカーテンの裏でお仕事中とは。

宴は中止、ひと通り注意を親子で拝聴する。

「でも、お酒好きなんですね」とほほ笑むスタッフ。父も何やらごにょごにょと答えて笑う。聞き直すとこういう趣旨だった。

「好きな酒でむせて死ぬならそれでいい」

八月三〇日付

24 車いすで親族の食事会に出席

■父　みなに囲まれて喜び、飲み、最後は脱力状態。

親族の法要が営まれる週末の午前九時。ほぼ空き家となっている実家で弟と落ち合う。手はずを確認し、出立する。「父を親族の食事会に連れ出す作戦」が始まった。

会場である本家に向かう。法要の開始が遅れ、始まった直後に妻と父の施設へ急ぐ。喪服で年寄りの施設に出入りするのは穏やかではない。夫婦とも略装を許してもらった。

施設の玄関に車を横付けすると、車いすの父が一階に連れられてきた。施設に託しておいた黒ズボンと半袖シャツ姿だ。車へ移乗させる時、前より手助けと時間がかかるようになったことに気付く。

トイレの間隔から、外出は二、三時間。法要と食事会の両方に出るのは無理だと父に問うと「皆と話がしたい」と食事会を選んだ。

会場の店では、先回りした弟が車いすに移しやすい駐車スペースを確保している。店内への動線も先週、店に車いすを持ち込んで確認済み。バリアフリーではないが、車いすではつまずきやすい石畳の凸凹も、車いすを後ろへバックするように引けば、スムーズに動かせることを発見した。押してダメなら引いてみな、だ。

座敷に椅子の会場。上がり口からは親戚一同、父に寄ってたかって席までの二、三メートルを支えた。

皆に囲まれ、席に着いた父の表情も和む。脇で弟が「ちょびっとだけ」と制しても、皆、父のグラスにビールを注がずにいられない。

酔いか感激かその両方か、最後の方は父は脱力状態。親戚一同で車に押し込んでもらう。

「こりゃ母の病院へは寄れんな」。そう判断して車を施設に向けた。

あと何回、父は親しい人たちに会えるのか。本人は「一〇年は大丈夫や」と言うのだが。

九月一三日付

25 家族がつぶされないために介護保険

□**母**　拙著が紹介された「朝日新聞」を真っ先に見てもらう。

■**父**　【私の回想】拒んでいた介護保険の利用に同意する。

うれしいことは、まず母親に伝えたくなるものか。最近の連載を思い起こして気付く。今もそうだ。助手席のリュックには今朝早く入手した朝日新聞が入っている。普段は父の施設から回ることもあるが、こんな時は必ず母の病院からだ。

拙著『わけあり記者』（高文研）の記事が朝日新聞に載った。「著者に会いたい」という書評のコーナーで、私の写真付きだ。競争激しい新聞業界。他社の記者の著書を紹介してくださるとは。採用試験で御社に落とされた〝恨み節〟も書いたのに。

「それだけ過労も介護も闘病も普遍的なテーマですから」。取材に来た記者は言った。なるほど。「普遍的」とは、自分ひとりではない、誰もがそうだという意味だ。

でも、あの時は暗闇の底にひとり落ちていく心境だった。そこからはい出るべく、介護保険に助けを求めようとしたが、他人が家に出入りするのを父が拒んだ。父は私の妻の名も口にして、東京で働いていた私に言う。

「こっちに来い」

言葉を選んで父に言う。

「分かりました。『家の方』へ異動できるように努めます。でも、すぐは無理なので介護保険を使いましょう」

まるで「『消防署の方』から来た」と消火器を売り付けるような言い方だ。「同居する」とは言わなかった。

母も認知症が進んでいた。同居でダブル介護となれば、つぶされるのは私であり、それ以上に妻だ。ずるいと言われても構わない。私にも暮らしがあり、それを支える仕事があり、守るべき妻がいる。

ともかく本人も同意した。地元の「地域包括支援センター」に東京から電話をかけた。

九月二七日付

26 父母に適度な距離を置く

●私　中学生になる前後から父母に「です・ます」調で話す。

連載の途中で恐縮だが、複数の読者から問い合わせを頂いているので、説明を要すると考える。それは「三浦記者は親と話す時も『です・ます』調なのか」という疑問だ。その通り。主に「です・ます」で話している。もう長い。そのように話すよう努め始めたのは、中学生になる前後だったか。両親とも要介護となった今では、すっかり定着している。

理由は、「です・ます」の方が心理的に距離が置けて、一歩引いた冷静さを保てるからだ。特に介護はイライラすることばかり。正直、父や母に怒鳴ったことも、怒鳴られたこともある。でも、怒鳴ってもいいことなど何一つない。怒鳴った方も怒鳴られた側も惨めなだけだ。そんな時は、せめて言葉だけでも丁寧にすると、感情的になる心を、ある程度は抑えられる。

切っても切れないのが家族。「こだわり」みたいなものがある。だからこそ愛情も育まれるが、それゆえに感情的に対立し、ののしり合う家族もある。プラスの感情は心を満たすが、マイナスの感情は心を疲弊させる。

子どもながら父母の仲裁に入る中で、一〇歳を数年超した少年は発見したのだ。「『お父さん、やめて！』と言うより、『お父さん、やめてください』と言う方が少し楽やな」と。

適度な距離を置く。他人行儀に聞こえるが、家族はその近さゆえに傷つくこともある。逆に言えば、家族はためらっても、他人だからこそ踏み込める領域がある。介護には家族以外の第三者が介入することが大事な理由だ。そのためにも介護保険制度はあると思っている。

一〇月一一日付

27 車いすでも段差らくらく

■父　亡きおいに線香をあげ、四つ目のどら焼きを狙う。

人類にとっては小さな一歩だが、一人の年寄りには偉大な飛躍だ——。月面から発した名言の誤植ではない。車いすの父は、本当に飛躍したのだ。

クララの時代とは違い、現代の車いすにはあちこち工夫が凝らされている。生かせるかどうかは扱う人間次第だ。車いすの敵は段差。数センチの段差なら無理やり押すが、ある日、ネットで重要な情報をつかんだ。「三〇センチくらいなら楽々と上がれます」。

試してみようと、車いすを持ち込んでいとこ宅へ父を連れて行く。私の初の著書を真っ先に買い、闘病中に読んでくれたが間もなく亡くなった。なのに、ドイツからの帰任や介護のバタバタで、線香をあげる機会もなかった。

父を自動車から車いすに移し、玄関へ。室内を汚さないよう入念にタイヤを拭く。車いすを上がりかまちに向け、知識通り「ステッピングバー」なる部分を右足で踏む。同時に「手押しグリップ」を手前に引くと、車いすの前輪が浮いた。前輪を上がりかまちに乗せ、手押しグリップで前方斜め上に力を入れると、後輪も上がりかまちの上に。まさに偉大な飛躍だった。

父はまず仏前にこうべを垂れた。案内されたリビングには、どら焼きが山積みに。三つ食べ、四つ目に手を伸ばした時、亡きいとこの妻は「どら焼きばっかではいかんわ」と、父にフルーツゼリーを勧めてくれた。

栄養バランスへの配慮に感謝すべき所だが、学校でも社会でも車いすの扱い方は習う機会がなかったことを思う。その知識は一般にも大事だ。学ぶ場があれば、家族も社会も優しくなる。

とか考えている向こうで、父はチラチラどら焼きに視線を送っていた。

一〇月二五日付

28 衰えは急激にやって来る

■父 肺炎で入院し、「思い出の柳ケ瀬に行こう」と励ます。

「男子三日会わざれば刮目《かつもく》して見よ」とは、人間は三日でも見違えるほど成長するものだという意味だが、衰える時もそうらしい。金曜日、父の施設から連絡が入る。「微熱が続き、たんが出る」と。

週末に面談。好物の食べっぷりで健康状態をチェックするわが家の「どら焼きチェック」もクリア、ひとまず安心した。

だが、日曜の夜、たんの量が急に増えたという。「紹介状を書くので、ご家族に病院へお連れ願いたく…」。だが、どういう病気が考えられるか、可能性レベルで聞いても絶対に言わない。介護は医療に立ち入らない原則があり、介護施設で病名を挙げるわけにいかないのだ。

あいにく妻は風邪で発熱、弟も現場仕事を抱えている。やむを得ぬ。各方面に取材等の延期をお願いして都合を付ける。皆さん事情をくんでいただいたが、取材を仲介してもらった方からは「先方は忙しい方なので、今後は失礼のないように」。もっともなことに頭を下げる。

たんにむせる父。昼前からあちこちと病院内を回され、待つこと七時間。左胸の肺炎で二週間以上の入院を要すという。

多くの書類に署名・押印するのも手慣れた。経済事情から、個室でない点も確認する。入院に必要なグッズも、ドラッグストアの店員に病院でもらったリストを示して相談すると、あれこれとそろえてくれた。

わが三浦家の介護民俗学の調査で、岐阜・柳ケ瀬が父母のデートスポットだったらしいことが判明した。今の寂れた柳ケ瀬を見て何を思うか不安はあるが、「早く肺炎を治し、思い出の柳ケ瀬に行きましょう」と父を励ましている。

一一月八日付

29 家族は手術か否かに悩む

■父　肺炎は良化したが、誤嚥を防ぐ手術の必要あり。

衰えていくほどに、年寄りの生殺与奪の権は事実上、家族が握るようになる。父と母の場合、握るのは自分だ。

「どうなさいます?」。丁寧な説明の後で問う医師を前に、あらためてそう思う。

入院治療後、父の肺炎は劇的に良くなった。次は肺炎を起こす誤嚥《ごえん》の原因を明らかにせねばならない。

週末、医師に呼ばれた。診察室に入ると、モニターに父のあごの骨格が立体画像となって示されている。今の画像技術は大したものだと感心していると、医師は角度を変えながら、下あごのつけ根に矢印を置いた。

「お父さま、下あごが外れていますね」

「顎《がく》関節脱臼」なのだそうだ。あごの筋肉がやせるなどで起きる。痛みもなく、本人も気付かない。だが、外れたあごでは、かむのものみ込むのもうまくいかず、誤嚥を起こす。話も何を言っているか分からない。確かに父もそうだ。

関節を治すのは難しい手術ではない。だが、全身麻酔の手術だからリスクはある。第二案としてあごをサポーターで支える案も示されたが、効果は限定的。誤嚥、肺炎を繰り返し、体力を落としていくだろう。

同席した妻と話して答えた。「家族としては、手術でお願いします。父にそう説明します」と。

父にはまだまだ食べてほしいどら焼きがある。「おふくろとのなれそめとか、聞きたいこともいっぱいあるし」。

父は両手を枕にして、私の説明を聞いていた。

一一月二二日付

30 施設入所でよかったかと自問

■父　あごの手術が間近に迫る。

●私　【私の回想】地域包括支援センターの俊敏な対応に希望がわく。

本当にこれでよかったのか。そう自問することがある。間近に迫った父のあごの手術もそうだし、遠距離介護でも近距離介護でも父母の老老介護を支えられなかったことで施設入所を選択したこともだ。

「親を施設に入れるとは親不孝な」と言われると身に染みる。だが、自分としては、悲鳴と混乱の中で、今この場をいかに家族の皆が生き抜くかを考え、もがいた末にここに至った。

そのおかげで私は介護離職を免れた。妻や弟とも押しつけ合う懸案もない。だが、その結果、私は父と母とを引き離した。今夜も父母はベッドで孤独を抱え薄暗い天井を見つめているのだろう。週に数回訪ねたところで癒やされるわけがない。

でも、と思う。もしあのまま夫婦で、そして親子でののしりあう中で在宅介護を続けていたら、父母は滅々と人生の最後を迎えていただろう。別の屋根の下で暮らす今、ようやく夫婦は手を取り合うようになった。

「ふるさとは遠きにありて思ふもの」と詠んだのは室生犀星か。夫婦もそうかもしれない。遠きにありて思ふもの。そして悲しくうたふもの。自己弁護は承知だが、離れることで気付く愛情だってあるのだ。たぶん。

その「介護すごろく」の本格スタートとなった地域包括支援センターの動きは、思いのほか俊敏だった。東京から相談の電話を入れた三日後には、「息子さんからの連絡で」ということで、女性のケアマネジャーさんが実家を訪問してくれていた。のらりくらりのお役所仕事ばかりを見てきた身には新鮮だった。希望が少しわいてきた。

一二月六日付

31 介護不安を消すにはまず行動

■父　あごの手術は無事成功したが、拘束具にご機嫌ななめ。

父の下あごの手術は無事成功した。切開部からの出血も少ない。翌日には集中治療室から一般病棟に移る。

「手術が成功して良かったですね」。あごを支えるサポーター越しに、父の耳元で祝意を述べる。

だが、当人は相当にご機嫌ななめだ。サポーターに逆らって口から発する音声と、私に向けるつり上がった目で明らかだ。「グオー」。父は両手に装着された拘束具を外そうと必死だ。巨大な手袋という感じか。いくつも管につながれ、あちこち痛く、かゆく、気持ち悪い。父の脳内では、身体各所の不快な警報音が鳴り響いているはずだ。せめて手探りで自分の状態を確かめたい。だが、手が動けば自分で管を抜きかねない。ふたたび父の耳元で言う。

「もうしばらくの辛抱です。お父さんのためを思って、この耕喜が『拘束同意書』にサインしました。お父さんは意外と力がありますので」

言葉にすれば「何だと！」という目を向ける父にさらに言う。

「それから、『お父様へ』と、どら焼きを頂戴しました。でも、お父さんは絶食中。賞味期限も迫り、やむを得ず耕喜が頂戴しました。大変おいしゅうございました」。笑みを浮かべて父を見つめると、父は脱力したように両腕を下ろした。

時々医療の世話になり、なんとかしのいでいる。いろんな制度を組み合わせれば、決して介護は怖くない。まず初めにそう教えてくれたのは、ケアマネジャーさんだった。何が不安なのか分からない。これこそ不安の正体だ。その正体を暴くには、まず動かねば。

ケアマネさんの来訪をスタートに、父に介護認定を受けてもらうことになった。

一二月二〇日付

32

「老人漂流」を恐れる

□母　懐かしの曲で記憶に働き掛ける。

■父　特養が父のベッドを確保しておく時間切れまで一カ月。

●私　パーキンソン病の症状が進み、早く歩けない。

さすがに疲れる。在宅介護で苦労している方に比べれば、まだまだ甘いが、父が肺炎、あごの手術をするため入院してからは、心理的にも肉体的にも母とのダブル介護は、にわかに急な上り坂になってきた。

私のパーキンソン病の症状も進んだ。速くは歩けない。父の入院グッズを運んでも、小刻みにしか歩けないことにいら立つ。エレベーターまでが遠い。

父は特養に落ち着いていたが、病院に入院すると特養の父のスペースは基本、三カ月でなくなる。空きを待つ人が多いからだ。特養で食事ができるまでに父は回復できるのか。期限まで一カ月を切った。過ぎてしまったら、父の居場所はどうなる？　母も一時経験した「老人漂流」を繰り返すのか。

今回も「深刻にならない介護」のコラムにしたいのに、現実は冷徹であり、心は正直だ。悲観論ばかりがにじみ出る。

母のこともある。二人を回るため、週末は朝五時に起きるようになった。まずは母の所へ。認知症ながら、記憶に働き掛ける効果を期待して、昔のヒット曲を聴かせている。「上を向いて歩こう」など坂本九さんの歌がなじみのようだ。

私は脇に椅子を寄せ、母の手に手を重ねてリズムを取る。曲を聴く間は話し掛けずに済むので、私にも多少の休息だ。穏やかな歌、母の手の感触…。何だか眠くなる。

気が付くと数曲目の「見上げてごらん夜の星を」がかかっている。横を見れば、母も寝息を立てていた。母の手を布団の中に戻し、耳元に口を寄せて告げた。

「お母さん、これからお父さんの所に行ってきますからね」。母は寝息を立てていた。

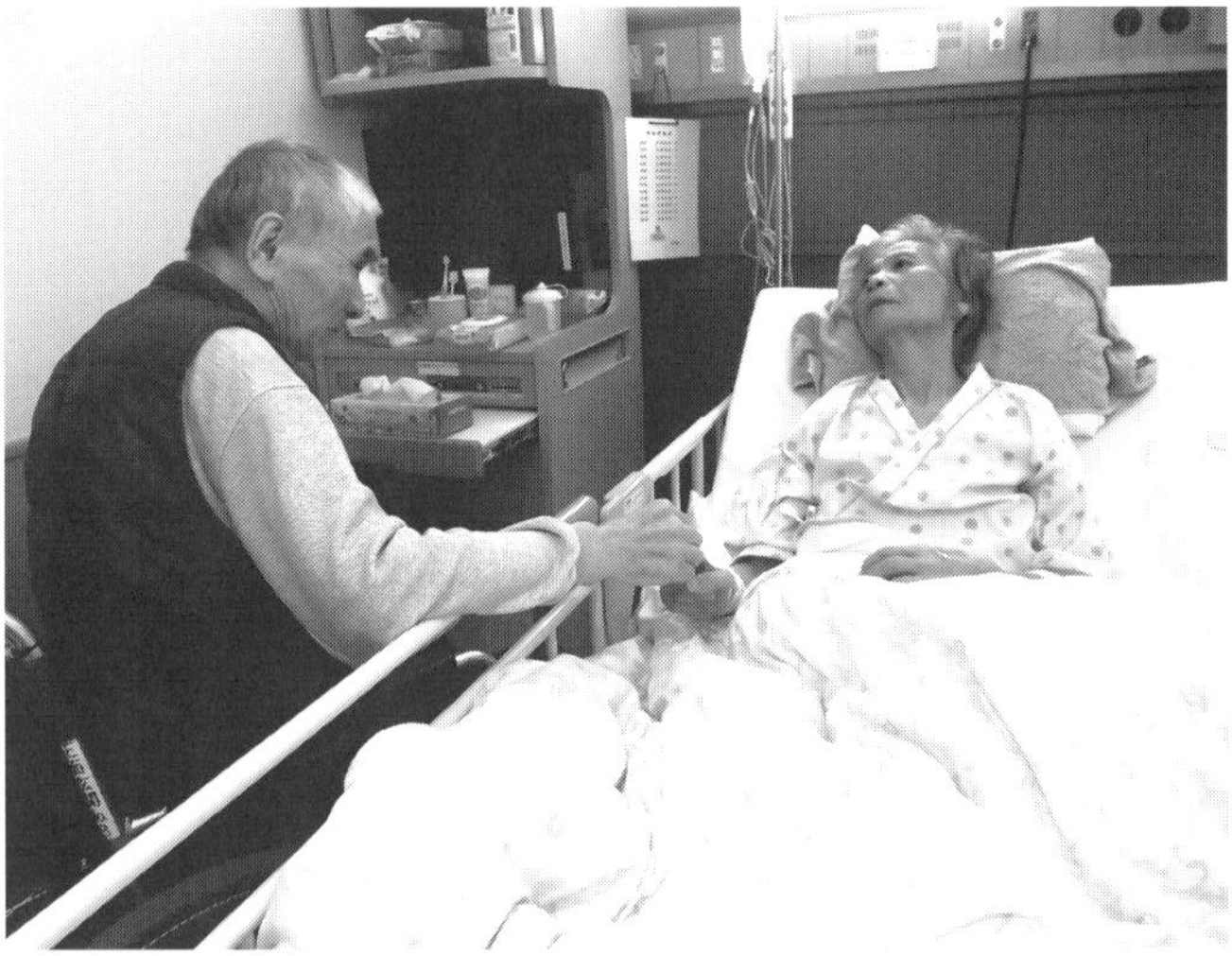

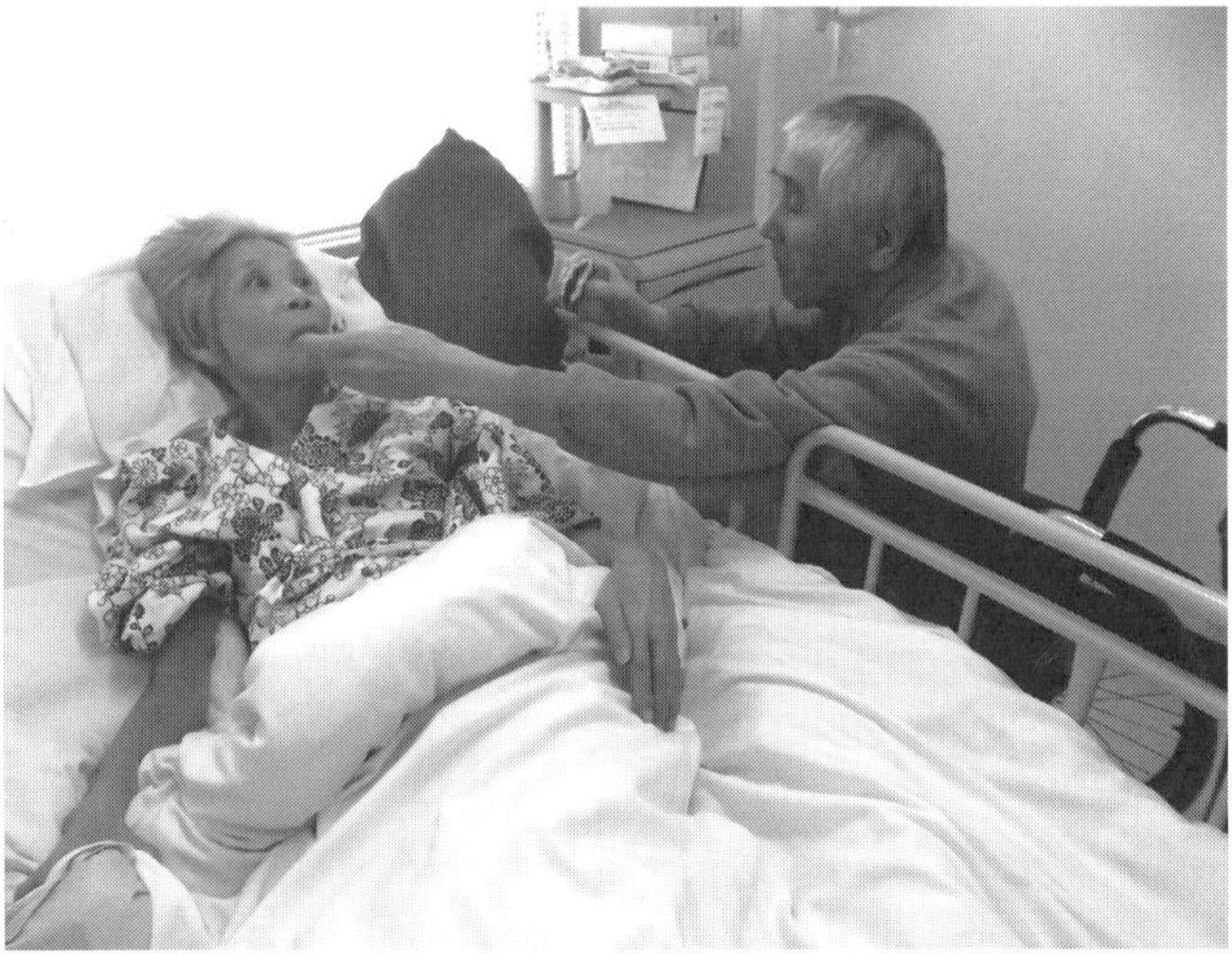

Ⅲ　父の他界

二〇一八年

一月三日付

33 老いていく自分に気付いていた

□母 【私の回想】元旦の膳が作れず、台所に入った私と妻に不服。

■父 【私の回想】元旦、母への余計な一言で激高を買う。

新春を迎えて思う。介護においても、正月の風景にその家の姿が現れるということを。

ベルリン特派員から戻った翌年の二〇一〇年には、元旦の膳はまだ母の手で調えられていた。だが、前にも書いたように、手間のかかる「煮しめ」が消えた。

以来、年ごとに手をかけられなくなった。たつくりやカズノコの類いも重箱に詰めず、パックから小皿に移すようになった。一三年ごろには、年末に帰ると、押し込まれたままの具材を冷蔵庫に発見するように。買い物はできるが、調理などの段取りが分からなくなったのだ。

もはや、全面介入しかない。妻と台所に入るが、母は面白くない。「ぼけたな」。父の余計な一言に「いいや！　ぼけとりゃせん！」と激高する母。不毛な争いに時間を浪費し、ようやく冷蔵庫の整理が始まるのは「紅白」も中盤になってからだ。

父母が一緒だとまたもめる。三浦家のＰＫＯとして両者の引き離しを図る。妻は父を居間に誘い、テレビでも見てもらう。私は母を寝床へ連れ、しばらくお休みあれと布団をかける。

やれやれと戻ろうとすると、「耕喜…」と母が呼ぶ。何ですか？　といら立ちを抑えた声に母は答えた。

「耕喜は子どものない静かな暮らしをしとる。でも、お母さんたちは、これから子どもに戻っていくんやよ。思う通りにはいかんくなる」

そういう趣旨のことを母は確かに言った。母も分かっていたのだ。自分の老いが進んでいることを。泣いているようにも見えたが、私に確かめる勇気はなかった。

「ゆく年くる年」の時報が新年の到来を告げていた。

一月一七日付

34

孫にお年玉を手渡す

□母　目を見開いて孫の近況報告を聞く。

■父　久しぶりの孫の来訪に普段になく冗舌。

老いとは避けられない人間の定めだ。とはいえ、やはりさみしい。ついに、実家で行う元日の小宴から、父も母もいなくなってしまった。

昨年、母は病院で寝たきりだったが、父は施設から連れ出せた。今年は父もあごの手術とリハビリで、病院で年を越した。

せめて孫である弟の子の顔を見てもらおう。元日の朝、弟一家と父母を訪ねる。

まずは母の病院へ。突然の勢ぞろいに驚く母。弟が母の耳元に高校生と中学生の男の子二人の名前を告げる。「お正月のあいさつやよ」。理解しているか定かでないが、孫を見る目が見開いている。促されて孫二人は近況を報告する。「ラグビーを始めたよ」「今度、野球部に入ろうと思う」。

その間、私は「祖母より」と記したお年玉袋を二つ取り出す。「お母さん、お母さんの手から、この子たちに渡してあげてください」。右手で袋をつかもうとする母。何回か布団の上に落としながら、中指と人さし指の間で震えている袋を、二人はそれぞれ受け取った。

別の病院に入院する父にも会わせなくては。慌ただしく父の元へ行く。父も驚いた表情だったが、久しぶりの孫の来訪に喜んでいる。滑舌が悪く、話の半分も聞き取れないが、普段になく冗舌だ。ここでもお年玉を手渡してもらう。

実家に戻り、弟一家と黒毛和牛のしゃぶしゃぶで新年をことほぐ。車いすのままでも動きやすいように弟が片付けた居間が広く感じる。もうこの先、ここで父の、母の声を聞くことはあるのだろうか。ののしり合っていた声すら今は懐かしい。

一月三一日付

35 入院が長引いて元の施設に戻れない

□母【私の回想】療養型病院で食べるという気持ちを回復。

■父 中心静脈栄養の措置が必要となる。

「ため息をつくと幸せが逃げる」という。だとすれば、今、わが幸せは「だだ漏れ状態」にあるのか。誤嚥《ごえん》による肺炎で入院中の父と向き合う。

父の、のみ込む力「嚥下力」のリハビリが、ここに来て思わしくない。ミキサー食もだめ。水さえむせてしまう。口は渇き切り、のどの筋肉も弱っているので、言葉も不明瞭だ。せめて口の中を湿らせようと、妻が柄の付いたスポンジに水を含ませて口の中を拭こうとする。だが、渇した父はそれをチュウチュウと吸い、結局むせてしまう。

頼りは点滴だが、針の入る箇所も手足には尽きた。やむを得ず、首から太い血管へと管を入れ、高カロリー輸液を流し込む「中心静脈栄養」の措置に同意する。

去年の今ごろの母と同じ状況だ。認知症が進み「食べるということ」すら忘れたからだったが、療養型病院に移ってミキサー食なら食べられるようになった。

「お父さんもそちらの病院に移りましょう。お母さんと一緒になれますよ」。夫婦仲むつまじくを祈ってきた子として言う。

だが、父は手を横に振って子の願いを退けた。父は筆談で答えた。「〇〇〇（元の施設名）にかえりたい」。

父よ、入院が長引き、そこは退居せざるを得ないのです。施設の空きを待つ人は多い。いつまでも居場所は確保できません。それに、点滴は「医療行為」なので、介護施設では請け負えません。それがこの国の決まりです。施設を気に入ってくれていたことには、本当に救われますが、そこには戻れないのです――。

そのことをどう説明しようか。またひとつため息をつく。

二月一四日付

36 「わけあり人材よ胸を張れ」NHKが取材

□**母** テレビの取材クルーに驚くが、ほどなく安心。

■**父** カメラに対し姿勢を正そうとするが、うまくいかない。

NHKが取材に来た。昨年来、紙面で訴えてきた「わけあり人材よ胸を張れ、本気を出せ」の思いに、とある記者が共感してくれた。

私は過労で長期療養し、両親とも要介護となり、自身が難病を抱える。それでもというか、だからこそ困難すら力に変えられる、変えていこうと宣言したのだった。

今回の取材については、前もって父母に説明したが、なかなか通じない。認知症の母は取材クルーに驚いた様子だったが、カメラ以外は女性だったこともあり、優しく声をかけられるうちに安心したようだ。ミキサー食もいつも通りに完食した。

一方の父は、いぶかしげにカメラを見る。せめて姿勢だけでも正そうと電動ベッドの頭を上げるが、上げた分だけ上半身が下がり、ベッドテーブルから首から上だけが出るような格好になってしまった。弱った脚は上半身を支えられず、ひざは曲がったまま。自力では座った状態をつくり、維持できない。自動車への移乗どころか、車いすに乗るにも困難を要するだろう。

六年前の秋だったか。介護保険の認定手続きで近所の開業医に父を連れていった時を思い出した。つえはついていたが、父はカメと争う程度には歩けた。その時も親の老いに切なくなったが、今思えば立って歩くだけでも、いかに偉大なことか。たとえつえを用いても。

その時の判定は要支援２。週二回のデイサービスに通うところから、父の介護保険暮らしは始まった。メインの介護者は母という老老介護。それを、私が東京からサポートする遠距離介護、緊急時には弟が近距離介護で支えるという分担だった。

二月二八日付

37 インフル対策強化で面会できない

□**母**　ドアの脇から「お母さん」と呼びかけるが気づかない。

■**父**　【私の回想】わがままな父がデイサービスの指示には素直に従う。

母に会えない。もう三週連続だ。今年は、例年以上にインフルエンザの流行期が早まっている。病院側も対策を強化せざるを得ないからだ。

昨年もインフルエンザ対策はあった。だが手洗い・消毒を徹底し、必要最小限の用向きと人数であれば母に会えた。母の誕生日に「おめでとう」と言えた。

今年は病室のある二階の階段を上がったところで柵に阻止される。着替えの差し入れと、洗濯物の回収は看護師さんを介して行われる。母の部屋は階段を上がったところの真向かい。開いたドアの向こうに、横になっている母の白髪が見える。

控えめに叫んでみる。「お母さん、耕喜が来ましたよー。耕喜が会いに来ましたよー」。聞こえている様子はない。看護師さんの許しを得て部屋のドアまで進む。もう一度、同じように呼び掛けるが、母は気付かない。もう一歩踏み込もうかとためらっていると、看護師さんが洗濯物に入れ替えた袋を手渡した。「ごめんなさいね。これも患者の皆さんを守るためなの」。礼を言って部屋から離れる。柵のところで振り向いたが、母の表情はついぞ分からなかった。

命を預かってもらっているのだから…と自らに言い聞かせる。そういえば、父がデイサービスに通い始めたころ、毎回体温と血圧を測ってくれていたことに感心した記憶がある。在宅だけで母が父を世話していた時には、そんな健康管理などしていなかった。熱があれば家に戻し、血圧が高ければ入浴を控える。家ではわがまま放題だった父は、デイサービスではそんな指示に素直に従っていた。

三月一四日付

38 呼んでもらった記憶はずっと

□**母**　インフル対策でほぼ一カ月ぶりの面会。

久しぶりに会えた母は、少し驚いているように見えた。インフルエンザ対策で、ほぼ一カ月ぶり。まだマスクは外せない。

「お母さん、耕喜ですよ」と言うと、母はコクリとうなずいた。「ほら」と息を止めてマスクをずらす。母はまたうなずいた。

名乗ったのに「さて、私は誰でしょう?」と重ねて問うのはやめた。「手短に」という面談時間で問うても、母を困らせるだけだ。一カ月前も、その問いに母は泣きそうな表情になった。答えられなくて申し訳ないとでもいうように。「では三択です。(1)耕喜(2)耕喜(3)耕喜。さあ、どれでしょう」。笑いを誘ったつもりが滑った。母は「分かりません…」と顔をしかめた。

もう一度母に「耕喜」と呼ばれたい。四八歳になろうが、私はあなたの息子なのだから。カーペットを焦がしたのがばれた時のように（第19回）、叱声であってもいい。

母はいろんな喜怒哀楽を込め、数千回、数万回、私の名前を呼んだのだろう。そのかなりの呼びかけに対し、私はぞんざいに応じたのだろう。でも、今なら分かる。名前を呼ばれるということ。その一つ一つが、いかに奇跡に満ちていたのかを。なのに、私の録音機には、退屈な政治家や役人の声ばかりが残され、母の声はひとつも入っていない。

時間が迫った。手早く着替えと洗濯物を入れ替える。ふと、NHK連続テレビ小説「ひよっこ」に出てきたせりふを思い出す。

「私が覚えているから大丈夫です」

そうだ。母はいつも私の名を呼んでいた。母は忘れても大丈夫だ。私はちゃんと覚えていますから。

三月二八日付

39 再び夫婦がひとつ屋根の下

□母　父のことは覚えている。
■父　母のいる病院に転院する。

例によって「年寄りには大きな病院で長養生させない」という国策により、のみ込む力が回復しないまま、父も転院することとなった。

すでに母の時に経験済みだ。だれに相談し、どんな手続きで、こんな物を用意して、費用はこれくらい、という見通しが立つ。以前は何も分からず、母がどうなるか不安だったが、流れを知っているだけでも安心感がある。

気持ちに余裕があれば、希望も湧く。「父も母と同じ病院に入れたらいいいな」。

それまでは別々の病院で、夫婦が会う機会も乏しかった。父の同意を得てソーシャルワーカーさんら病院側に「〇〇病院への転院を希望します」と伝える。意思が明確なら話は進めやすい。病院間で連絡し、「何人待ち」という情報も入る。転院のめどとされる「九〇日」を超えても、事情をくんで待っていてくれた。

それから二カ月余り。希望通り父は母のいる病院に転院することができた。部屋は別だが、夫婦久々に「ひとつ屋根の下」で過ごすことには相違ない。

医師の診察の後、そろそろ部屋に移るかと思わしき時、看護師さんが小走りで待っていた別室にやってきた。

「お母さま、お父さまのこと、しっかり覚えていましたよ！『この人どなた？』と尋ねたら、はっきり『ダ・ン・ナ』と！」

実にうれしい知らせだ。ただ、そのシーン、直接この目で見たかった…。母の部屋に寄ってほしいと頼んだ時に、家族も立ち会わせてと伝えるべきだった。恐縮しつつ私は看護師さんに頼んだ。

「それ、もう一度再現してもらえませんか？」

四月一一日付

40 春が来た。母のお花見

□母　一輪の桜にほほ笑む。

満開の桜並木の下で、自転車のペダルをこぎながら「うーん…」と考え込んでいる。今年はどうやって父と母に桜を見てもらおうか…。

父母とも同じ病院に入り、徒歩五分に市民公園の桜がある。絶好の環境だが、父母とも座る姿勢が保てず、普通の車いすで連れ出すのはこわい。心臓の近くに輸液を入れている父は、ベッドから離しにくい。

昨年は、枝を折ってくることも弟と考えた。未遂ながら一部からの指摘もあり却下。ならば仕方あるまい。今年はスズメに手伝ってもらうことにした。

桜の蜜はスズメも好物だ。だが、行儀の悪いことに、蜜を食べるのに、スズメは花の根元をちぎり、食べたら捨てる。なので満開の木の下には、形を保った花が落ちている。妻はできるだけきれいなものを選び、透明なポリ袋に入れた。

病室に入るなり、引き伸ばした桜の写真と、花の入ったポリ袋をかざして言った。

「お母さん、春が来ましたよ」

何事かという表情の母に、妻は袋から一輪の花を取り出し、母の手に触らせた。

「あのね、お母さん。まだ三月やのに桜が満開なの。今日は暑いくらい」

ようやく理解した表情の母。

「お母さん、こういうのが、いっぱい咲いとるんやよ」と写真を掲げて小躍りしてみせると、母は少しほほ笑んだ。

介護生活に入って、年中行事や季節の習わしが身近になった気がする。父が通ったデイサービスでも、時候に合わせたイベントをスタッフが工夫していた。

では、今年の桜に対する父の反応は？　それは次回に。

四月二五日付

41 父は編集長。使命感が生きる力となる

■父「三浦家の歴史」の再編さんに取り組む。

前回、母が桜をめでたことを記した際、「では父の反応は？　それは次回に」などともったいぶっていたが、父はほとんど無反応だった。

中心静脈栄養が続き、口から食べられない以上、「花より団子」ではない。父は花を一目見ると、視線を手元の紙へ戻す。父は今「三浦家の歴史」の再編さんに取り組んでいるのだ。

酒好きの父は、歴史も好きだった。二十数年前、健在だったきょうだいに呼び掛けて故郷の思い出を冊子にまとめた。わが一族はダム建設に追われ、山を下りた「開発難民」だった。

昨年末、弟が実家を片付けた際、冊子が資料と共に出てきた。山の暮らしの知らないことばかりで、父の挿絵も面白い。だが、昔の人の手書き文字では読みにくい。パソコンに入力し、弟や親戚筋の孫世代も読めるようにしてはと思い付いた。

「この現代版を作りましょう。○○や○○（弟の子どもの名）にも、三浦の歴史を伝えるために」。そう言って手を差し出すと、父は私の手を取った。

「では原作者のお父さんは『編集長』です。原稿に間違いがないかチェック願います。編集長」

涙を浮かべる父。まったく、男は肩書に弱いんだからと思いつつ、握った手を振る。

自分にはなお果たすべき役割がある。その使命感が生きる力となる。もっと早く気付くべきだった。父の在宅介護が始まると、何かにつけ父は「はよ殺してくれ」と言うようになった。不器用におむつをはかせながら、それを聞かされる母はたまったものではない。遠距離介護で老老介護を支える作戦は、限界が近づいていた。

五月九日付

42 父母の携帯を放置したツケ

□母【私の回想】携帯で父の介護のつらさを訴える。

■父【私の回想】「ないと不安」と母とともに携帯を手放さない。

介護でお金は家族の愛にも勝る大事なものだ。なのに、父の預金から二〇万円余りが消えた。そのくらい…と言うなかれ。わが家においては二〇万円あれば、父母のひと月の入院費をまかなえるのだ。「もっと早く動けば…」。通帳の明細を見てため息をつく。

預金の「水漏れ」は知ってはいた。金の行き先も分かる。とある大手携帯電話会社である。父母は某社のファミリープランで携帯を使っていた。父を介護するつらさを、母が日に何度も私に訴えてきた携帯でもある。老老介護が崩壊し、二人とも施設や病院に入っても、父母は携帯を手放そうとしなかった。

その携帯会社では父の施設では圏外に。母は認知症で操作できない。「持っていてもしょうがない」が、父も母も「ないと不安」と言う。

「でも、使えなければ無意味です」という説明の無限ループに、疲れた私は「お守り代わりで本人が落ち着くなら…」と折れた。地方では支店も少ない都市銀行。そこの父名義の口座から引き落とされていた。残高も十分だと放置しておいた。

以来三年近く。所用のついでに記帳して驚いた。百万円超の残高が八〇万円少々に。ここ二年はほぼ同額が隔月、二カ月分まとめて引き落とされている。基本料金だけでも、積もれば山となる。

論より証拠で父を説得。ただちに、携帯のショップを訪ねる。初めは「委任状にお父さまのサインを」と言っていたのが、二度目の時は「お母さまのサインも」。ショップを三度訪ね、ようやく解約にたどり着いた。最後は解約手数料一万円余りが引き落とされ、預金の水漏れはやんだ。

五月二三日付

43

「ほどよい所得階層」のおかげで助かる

□母　月の収入約五万円。支出七、八万円。

■父　月の収入約一二万円。支出七、八万円。

読者から本紙に電話を頂いた。一人っ子で両親をダブル介護しているという。私が母に桜の花を贈った回は「こっちに桜を見る余裕などない」との感想を言いつつ、父母の携帯電話を放置して二〇万円を失った話は「とても参考になった」と評価していただいた。「介護は美談では済まないので」と。同感である。なので今回は一番大切な「お金の話」をしたい。

まず収入。母は国民年金のみ月五万円くらい。父は厚生年金があるので月約一二万円。計一七万円ほどが月収だ。

次に支出。これまで書いてきた経緯で、父母とも現在は同じ病院にいる。一切含めた自己負担は父母とも月七、八万円だ。父の年金から払うと余裕があるので、固定資産税や電気・水道の基本料金など実家の維持費に充てる。やや足りない母の分は、母の貯金から補う。

「ほどよい所得階層」だから回っているのだろう。父母は年収約二〇〇万円の二人世帯。介護保険の自己負担割合は一割だ。これが年収三四六万円を超えると二割になる。さらに、金持ちというほどの貯蓄もないので、部屋代や食費も「負担限度額」が認定され、割安になる。

だが、世間には夫婦とも国民年金だけの世帯も多い。夫婦で月一〇万円ほど。各種減免を駆使しても、ダブル介護になればたちまち破綻だろう。

わが家も自営業だったから、そのまま行けば、当コラムも「年金プア&ダブル介護」とさらに劇的になっていただろう。「それではいかん！」と言ったかどうかは知らないが、二〇年以上前に父が一大決心をしたことが今効いている。「お金の話」は続く。

六月六日付

44　厚生年金の受給資格を得るため再就職

■父　中心静脈栄養が始まって三カ月。やせてくる。

父がやせてきた。誤嚥《ごえん》で食べ物をのみ下せず、「中心静脈栄養」で首から管で栄養を補給するようになって三カ月余り。その措置をしても、栄養量は口から食べるのに及ばない。

元気なうちは、私は父に反発ばかりしていた。だが、今は父は父なりに老いを見越し、われら子のために手を打っていたことが、しみじみありがたい。それが証拠に、両親ダブル介護になっても、金銭的な負担や持ち出しは一切ない。せいぜい、病院に通うガソリン代くらいだ。

あれは確か弟が社会人になったころだから二十数年前か。家族が集まった場で父は言った。

「商売をやめる」。自営の内装業をたたみ、会社に勤めると。五〇代も半ばの転職宣言。無謀だと反対したが「まあ聞け」と父。いわく「このままでは年金は夫婦で月一〇万円ほど。暮らしていけんで、おまえらに迷惑をかける。やが、ワシは商売を始める前にサラリーマンをやっとった」。あと七年会社に勤めれば、保険料の納付期間が二〇年となり、当時のルールで厚生年金の受給資格も得られると。

冷ややかに見ていたが、しばらくして父は高速道路会社の料金徴収員として採用された。ＥＴＣが普及する前だったのも幸いだった。

「千倍の難関を突破したんやぞ」。酔って誇張する自慢話は今日は聞こう。うれしい酒も父と飲んだのだったな…。

以来、不規則なシフト勤務に父は七年耐えた。介護に悩みはつきものだが、少なくとも、お金でもめることがないのは、父の決断のおかげだ。父は大酒飲みでも、大局はきちんと見据える大酒飲みであった。

六月二〇日付

45

執着が人間の力を引き出す

□母　【私の回想】認知症に父の介護ストレスが加わり半狂乱だった。

■父　酒の匂いに「サケノミタイ」と力の入った声を出す。

人間、執着するものには、がんばれる。父の場合は酒だ。袋から取り出した小瓶を見て、父は薄目を見開いた。

とろみを付けた茶なら飲めるようになった。では、酒にとろみをつけたらどうか。酒にはカロリーもある。

家族がそろった日、「お叱りを承知で…」と看護師に尋ねた。飲ませてあげたい優しさを顔に浮かべながらも、「医師の判断なしでは…」。

当然なので、「今日は匂いだけ」と封を切って鼻先に向ける。父はピクリとも動かさなかった両腕で瓶を握り、口に持っていこうとする。危ない危ない。紙コップに移しても同じことだ。

「サケ！」「ノミタイ！」。不明瞭だった声にも力が入る。

酒への執着がこんな力を引き出すとは。ならば最後の手段。スポイトで二、三滴、唇を湿らせた。今度は風味が分かったようだ。同時に何かひらめいた様子。中心静脈栄養の点滴と酒瓶を交互に指さし、その指を自分の口に入れた。

「点滴方式なら酒が飲めるという意味か」「そこまでして飲みたいんか」。弟の声が続いた。父の酒癖で苦労した母は、あっちを向いて寝ている。こんな雰囲気、昔もあったな。何だか懐かしい。

　思えば、郷里への転属を上司に申し出たのは、四年前だったか。当時は昔を懐かしむ余裕などなかった。認知症を発症していたであろう母は介護のストレスで半狂乱だった。炊事もままならず、父は十分な食事もできないでいた。月に二、三度、高速バスで帰っても意味がない。電話から聞こえる母の悲鳴。選択の余地はなかった。私は東京でのキャリアをあきらめた。

七月四日付

46 「介護保険負担限度額認定」はありがたいが手続き煩雑

□**母**【私の回想】各種手続きができなくなり、私の「介護転勤」を促す。

●**私** パーキンソン病の進行で、書く文字が震える。

文字が震える。だが、進行している自分の病を憂えている暇はない。大量の書類を、父と母の二人分急ぎそろえなければ、父母のいる病院の部屋代や食費が軽減されないのだ。「介護保険負担限度額認定」という、ありがたい制度がある。だが、認定期間は一年。毎年この時期に更新手続きの必要がある。そのたび資産状況を書面で報告せねばならないのだ。

地元自治体から空き家の実家に「お願い」が届く。「認定期間は七月末で満了する。八月以降も利用する場合は申請が必要」という趣旨だ。申請書に添えて、父母が持っている通帳すべてのコピーも提出せよとある。「銀行名・口座名義人の分かる部分と、二カ月前までの残高が分かる部分のコピー。配偶者がいる場合は配偶者の通帳のコピーも必要」と注文は細かい。

時間もない。自治体が発送したのは、その月の一日。一五日には締め切りだ。郵送の時間を考えると一週間程度で用意せよとの意味だ。空き家のわが家では、届いて三日後くらいに気付く。父母は商売の取引で、残高は少ないが、多数の金融機関に口座を作った。商売をたたんでだいぶ減らしたが、施設入居時に指定の銀行に口座を開くなど、夫婦で十数通は持っている。

たまにコンビニでコピー機を前にまごまごしているお年寄りがいたら、通帳のコピーを取ろうとしている方かもしれない。

認知症を発していたであろう母が、各種必要な手続きができなくなったことも、私が「介護転勤」を決めた一因だった。煩雑な手続きは、年寄りとその家族にとっては高い壁だ。

七月一八日付

47 大雨の七夕に病室デート

□**母** 父を夫に選んだ理由を尋ねると、「やすかったから」。
■**父** 心電図の常時モニターを始めることになる。

金曜日の午後だった。父と母のいる病院から電話があった。看護師長からだ。父の呼吸が乱れ、血圧も最高で六〇に落ちたという。心臓の力が弱っているのだ。三八度の熱もある。「心電図の常時モニターを始めます」と師長は告げた。

覚悟の時が近づいたかと身構える。至急病院に向かった弟から連絡。最高血圧は八〇―一〇〇まで戻ったが、なお不安定。

残念だが作戦中止か…。翌週は七夕だった。織り姫とひこ星が会う日だ。それにならって外出許可を得て、短時間でも二人で家で過ごしてもらおうと考えたのだ。リクライニング型車いすで乗れる福祉タクシーも二台予約した。父のたんの吸引の間隔や、車いすに乗せられる時間も試験を重ねたところだった。

当日は大雨だった。天の二人もさぞ残念だろう。「だったら院内で会わせましょう。先生もいいって」。看護師さんの言葉が温かい。しかも父の方を動かして母の個室に連れて行くという。ヒヤヒヤ見ている間に看護師さんは父を車いすに移し、点滴袋を手に移動を始めた。

父と対面した母は、風呂から上がったぬれ髪姿。関節をほぐすように二人の手をつなげる。もういつ何があるか分からない。長年の疑問をぶつけた。

「お母さんはなぜこの人を夫に選んだのですか？」

母は答えた。

「やすかったから」

「安い？」と弟と笑ったが、「やす」は父の呼び名であることに気付く。「やすさんだったから」。そう言って母は父を選んだのだろうか。豪雨の七夕。天の二人は会えなかったが、地上の織り姫とひこ星は会えた。

八月一日付

48

母が調理を忘れ、父の主食はアイスだった

□母　アイスクリームを「おいしい？」と聞いた妻にうなずく。

■父　のみ込む力が弱いため、唇に載せる程度。

溶ける前に父と母に届けなくてはならない。気温四〇度を記録した日、病院近くのコンビニでアイスクリームを求めた。選ぶのが難しい。ナッツや果物の入ったものはだめ。具材が口に残っては誤嚥《ごえん》のもとだ。最近は品数が多く、普通のバニラがなかなか見当たらない。

昔は、アイスクリームの王者と言えば「レディー〇×」だった。母の隙を見て買い物かごにしのばせたものだ。だが、成功率は0％。そりゃ重いもの。その代わり、母は一個五〇円くらいのカップアイスを買ってくれた。わが家の冷蔵庫には冷凍庫がなかった。家に

着くとすぐ食べる。ふたの裏をなめる癖は、母から学んだに違いない。

まだ凍ったところに溶けたのを絡め、木のさじで母の口元に運ぶ。

「お母さん、おいしい？」

妻が問うと、少し驚いた表情でうなずく。練乳のかかったかき氷も少し食べてもらう。

「おいしい」と言う代わり、母はカップを手でつかもうとした。

二〇メートル先の部屋にいる父にもお裾分け。だが、のみ込む力の弱い父には唇に載せる程度。腕をつかまれても、全部はあげられないのです、と言いつつ、二度、三度と同じ作業を繰り返した。

老老介護の後半、父の主食はアイスクリームだった。まだ買い物ができた母は、父の言う通りアイスをたくさん買ってくる。そのわけを父に聞くと「あれが食えるか」。食卓にはいつ作ったか、おかゆや魚があやしい香りを放っている。料理は母まかせの父は生活力ゼロ。食事の宅配も調べたが、家の中で腐らせては元も子もない。母が認知症を発症する中、遠距離介護で日々の食事を案じることは困難だった。

八月一五日付

49　暑さ寒さに空調の効いた病院は助かる

□母【私の回想】クーラーの臭いをきらって窓を開けて使う。
■父【私の回想】夏は半裸でベッド、冬はガウンを焦がす。

在宅で介護をしている方は、この夏は相当の苦労だろう。わが家で在宅だったら、命に関わっていたかもしれない。

この猛暑のことだ。車のモニターで、外気温四二度とある中を、父と母のいる病院に向かう。着替えなどの荷物を持ち、駐車場から玄関までを歩く。わずか二、三〇メートルの距離が遠い。病院の自動ドアを入り、ようやくひと息付けた。

築四〇年を超えるわが家は、暑さ・寒さに弱いつくりだ。先日、弟が床下をチェックしたが、床はベニヤ一枚で断熱材も入っていない。建築を学んだ弟に言わせると「昔の家はこんなもんだよ」と言う。

家を建てた時、父母は三〇代前半。自分たちが老いることも考えて家を建てろと言う方が無理だろう。なぜか人は大事な決断の時、自分は不老不死のつもりで考えてしまいがちだ。若いと特に。

だが、老いは淡々とやってくる。六〇代までは中古のオフロード型四輪駆動車を乗り回して「夏のレジャー」を楽しむ父だったが、七〇代に入ると違ってくる。夏に帰ると、父は半裸でベッドに寝そべっている。クーラーはあるが、母は「臭いがきらい」と窓を開けて使っている。まだ並みの夏だったからよかったが、今年みたいな夏なら間違いなく熱中症になったろう。

さらに心配だったのは冬だ。冬に帰った時、母が言った。「お父さん、この前火事になったんやよ」。父が火事？　見ると、父のガウンの後ろが焦げている。後ろ向きで暖を取って火が付いたのだ。熱さの感覚も鈍るのだろうか。老いて火の扱いほど怖いものはない。急ぎ石油ファンヒーターを買った。

八月二九日付

50 父の死を家族で見送る

□母　亡くなった父の手に、手を重ねる。

■父　享年八一。あっけなく他界する。

父が亡くなった。享年八一。暑さが少し和らぎ、空が高く見える日の午後、父は一時間半ほどであっけなく天へと昇っていった。

驚く読者の方もいるかもしれないが、私自身、いまだ夢の中にいる心持ちだ。前回、私はこんな趣旨のことを書いた。「人は不老不死のつもりで物事を考えがち」。何を偉そうに言っていたのだろう。それは私自身のことだった。まだ父はもつはずだ、まだまだもつはずだと。

医師からは聞いていた。父は体内の水分バランスが保てず、手足が大きくむくむばかりか、肺にも水がたまっていた。多すぎる水分は血液の量を増やし、それを送り出す心臓に負担をかけ、心不全のもととなる。なので、治療としては利尿剤を投与し、尿として水分を排出することだ。治療はある程度奏功し、手のむくみはほぼ消えた。

だが、体から水分が抜けた分、たんは粘り気を帯びるように。息苦しそうな時間帯が増えた。最後の二週間ほどは、口も開け、まるでゴール直後のアスリートのように、全力で呼吸をする時もあった。それでも、血中酸素濃度は一〇〇%ある。「さすが山育ちは鍛えられている」と私たちはのんきに思っていた。

土曜の朝、緊急呼び出しで家族が集まった。心拍数ゼロを示す機器の向こうで、父はなおも口を開けていた。手を握るとまだ温かい。

別室の母を連れてきてもらい、その手を重ねた。父が死んだこと。母は理解したと思う。看護師さんの言葉、一語一語にうなずいていたから。

父母の手に弟と私の手を重ねる。父から離れていく命を、そうやって見送った。

九月一二日付

51

施設での生活は幸せだったか

■父　亡きがらは穏やかに眠っているようだ。

読者の皆さまに許しを乞わねばならない。父が世を去り、「ダブル介護」でなくなった。当初は、現在と昔の話を組み合わせ、やがては同時に決着と思っていた。だが、眼前で展開する現実は目まぐるしかった。

それでもダブル介護を体験し、書き残したことは少なくない。心に父を思い起こし、それをつづることで「ダブル介護」とさせていただきたい。

さて。わが家では在宅での老老介護が破綻し、最終的に施設介護を選択したことは触れてきた。その折々の判断はやむを得なかったと思う。が、果たして、それで父は幸せだったのか。

死の数日前、父は何かを伝えたがった。私の、あるいは弟の腕をつかみ、言葉にならぬ声を発した。それは「家に帰る」だったかもしれないし、やり残したことかもしれない。私は五十音表をアレンジし、「次はこれで意思疎通を」と期した。だが「次」は永遠にこなかった。

父の亡きがらを家に戻した夜。「これで良かったのか…」といつまでも言う私に、妻は遺影に選んだ写真を示した。施設での誕生会。父が笑みを浮かべている唯一の写真だった。妻は言う。「施設でお父さんが笑っていたのは、介護のプロの接し方もあるし、施設でなら自分の過去とかは関係なく、一人の『三浦さん』でいられたという面もあると思うよ」。

確かに。私たちは家ではそんな余裕はなかった。少しは穏やかさを取り戻せたなら、よかったと言うべきか。面布を取ってそう父に問う。父は穏やかに眠っているように見えた。

九月一九日付

52

父がデイサービスに通った日々

□**母**【私の回想】認知症が進み、父をデイサービスに送り出せなくなる。

■**父**【私の回想】素直に迎えの車に乗り込んでいく。

●**私**【私の回想】岐阜支社に介護転勤する。

父が亡くなったので、父の介護関連の書類を処分しようと、束に目を通す。デイサービスを使う前は「あんな幼稚園みたいな所など行くか」と悪態をついていたが、実際に行き始めると、父は割と素直だった。つえをついて迎えに来た施設の車に乗り込んでいく。いわく「おぼれずに風呂に入れる」「飯が悪くない」。それに、ここにいれば、母から過去の悪事をチクチク言われることもない。

妻も言う通り、ここでは笑っていられるわけだ。

デイサービスを中心に、平日は母が、週末は私が岐阜に通うというリズムが定着した…と思ったら、母の認知症があやしくなってきた。デイサービスの迎えが来る午前九時までには、着替えやバスタオル、日報ファイルなどをリュックに入れて用意しておかねばならない。

だが、母は忘れる。言えば「そうやった、そうやった」とリュックをどこからか持ってくる。だが、中は二、三日前にデイサービスから戻ったままの状態。その日の夕方、遠慮がちな声で注意するスタッフの声を聞きながら、暗たんたる気分になる。

一計を案じたスタッフが、持ち物などの注意事項を大きな模造紙に書いて、玄関ドアに張ってくれた。赤いテープで縁取り、目立つようにしてくれた。

効果はあった。だが、それは一時的だった。タマネギの薄皮をはぐように、週に一度帰るたびに、できなくなったことをひとつは見つけた。

決して自ら望んだ「希望の人事」ではない。だが、二〇一四年八月、岐阜支社に「介護転勤」した。うれしかった。ありがたかった。そして悔しかった。

一〇月三日付

53 現実は願望では動かない

□母 【私の回想】バッグの中身は明らかに認知症を示す。

母が認知症を発症し始めたサインに気付いたのは…などと書き始めて手を止める。やめよう。書けば偽りになる。本当の気付きとは、行動を伴うものだ。

変だなとは思った。おかしいとも感じた。でも私は何もしなかった。近所の医者に連れて行くことも、相談することもできたはずなのに、しなかった。

ここで母が認知症に陥ったら、わが家の介護は破綻する。「母は大丈夫だ」「ちょっと疲れているだけだ」と、大したことではないように思っていたかった。事実と願望のうち、私は願望を信じようとしたのだ。

だが、現実は願望では動かない。淡々とした事実があるのみだ。肥満の人ほど体重計に乗らないという。だが、いつか必ず事実の重さに耐えられなくなるだろう。

特派員をしていたベルリンから戻り、母のみそ汁の味が若干薄くなったころ。母は買い物から戻った時、トイレに行くとか何とか言って、バッグを私に渡した。さほど大きくはない。だが、バッグのひもはずしりと私の腕にめり込んだ。

母の気配を気にしながら、バッグを開けるとレシートや割引カードに交じって、大量の硬貨が出てきた。小銭を活用してお釣りがまとまった額になるよう計算することができなくなったのだと想像できた。小さな買い物でも一万円札を使うこともあるのだろう。小さく四つ折りにした千円札の束がいくつもある。

「何かあった？」

母の声に少し慌てる。

「あめならここ」と、母はポケットからひとつくれた。

あめは甘かった。だが、腕にめり込んだバッグの重さの感覚は、しばらく消えなかった。

一〇月一七日付

54 動かぬ体で過度の入浴は禁物

□**母**【私の回想】父の長風呂を心配して何度も電話をよこす。

■**父**【私の回想】浴槽で溺れて救急車で運ばれる。

恒温動物の本能としては、当たり前の行動なのかもしれない。小銭を扱えなくなった母が重いバッグを持ち歩いていたころ、父の長風呂はますます長くなっていた。

冬。断熱など重視しなかった時代に建てられた家は冷えた。自身の力では体温の維持も難しくなるのだろう。父は二、三時間おきに風呂に入るようになった。

「デイサービスで入ってるでしょう」と言うが、「あんなもん、ちょっと入るだけや」と聞かない。父とは四十余年の付き合いだ。性分は分かる。脱衣場に椅子を置いて休憩場とし、隣の台所にヒーターを置いてヒートショック対策とした。

だが、動きも緩慢で、着替えるうちまた冷える。再び風呂に入る。

「お父さんが出てこん。もう三時間も」。うろたえる母から電話がくる。「死んどるかもしれん。見に来て」。

お母さん、岐阜に移ったとはいえ、午前一時に言われても困ります。「水音は？　だったら大丈夫」「何とか出てきますよ」となだめているうち「よかった。寝床に行ったわ」で初めは済んだ。

だが、その日の母の声は違った。「お父さんが溺れた。救急車で運ばれた！」。近くに住む弟の力でも浴槽から出せなかったのだ。

近くの病院は満床とのことで、私も隣県の総合病院へ急いだ。ロビーに入ると、弟が自販機で患者用の浴衣を買っていた。「お疲れやったな」「お兄《にい》もな」。

大事には至らず、父を連れ帰る。

「もう家で風呂に入らないでください」「分かった。分かったて」と父。

もちろん、父の態度は改まらなかった。

一〇月三一日付

55　介護は終わっても、脳内ではまだ介護

■父　葬儀から儀礼・手続き、そして納骨まで済む。

●私　父亡き後の虚脱感。パーキンソン病も目に見えて進む。

まるで、父に魂の半分を持っていかれた感じだ。父と母両方の「ダブル介護」だったのが、一方は終わったはずだ。なのに、心身の疲労と失調が著しい。

持病のパーキンソン病の症状も、父を亡くしてから目に見えて進んだ。パーキンソン病は精神状態が症状に表れやすい病だと実感する。歩行もすり足で、遅々として進まない。先日はバランスを崩して倒れそうになり、同僚の助けを借りた。

確かに父の介護は終わった。葬儀は喪主として、葬儀会社の担当者に言われるままにしているうちに済んだ。

当面の各種手続きも調子を崩した私に代わって妻が市役所に出向き、代行してくれた。父の介護保険証や後期高齢者の健康保険証を返却すると、担当者は「後日、『葬祭費』として五万円が振り込まれます」と説明したという。

種々の儀礼も済み、遺骨も当地の風習に従って、骨つぼから「骨袋」に移し、墓に納めた。

だが、この虚脱感は一体、何なのだろう。決して気の合う父ではなかったが、ふとわれに返ると、父のことを考えている。これで良かったのか、との一片の後悔とともに。現実世界での介護は終わっても、脳内では父の介護をやり直している。

結末を知る現在から過去を悔いるのは、答えを見てから問題に悩むようなものだが、やはり思ってしまう。保健所から譲り受けた犬を、年寄りのよろめく足では飼いきれないと、再び保健所に連れていったのは、動物の命だけでなく、父にとっても寝たきりになる岐路と言う意味で命取りだった。父が家に引きこもるきっかけとなったからだ。介護保険で住宅改修も行ったが、どれだけ役に立ったのだろうか。

一一月一四日付

56 犬を飼う力を失って

■父【私の回想】飼い犬を保健所に返したことで落ち込む。

●私 読者からお叱りを受ける。

前回十月三一日のコラムに読者のお叱りを受けた。父が七〇歳を超えたころ、保健所から譲り受けた犬を再び保健所に戻したことへだ。

経緯はこうだ。ベルリン特派から帰国した二〇〇九年、父は実家で犬を飼い始めた。前の飼い主が虐待したらしく、物置の隅で震えていた。近づくと牙をむく。父は根気よく世話をし、再び帰省した時、犬は庭の畑を喜々と走っていた。

だが、次に帰ると犬は消えていた。父は「保健所に返した」。虐待のせいか音に敏感な犬だった。散歩中、突然パニックとなり、父は転んでけがをした。父はブレーキ付き車いすを利用して制しようとしたが失敗。顔面を強打して歯を折ってからは、散歩に出なくなった。

狭い庭で犬は昼夜となくほえるように。近所から苦情も出る。「何ともならんかった」。顔の傷痕を見て、私は父を責められなかった。ただ携帯の待ち受け画面の犬の姿を見つめていた。

お叱りには「三浦記者は父が死んだついでに犬も処分した」などの誤解もあったが、「人間の都合で動物の命をないがしろにした」との指摘は重い。一〇年前と比べ、心ある人々の努力で今は動物を保健所送りにしない取り組みも広まった。動物が一生をまっとうできるよう、高齢者には託さないルールも一般的という。

だが、多くの高齢者にとってペットは生きがい。介護予防にも資する。飼い続けられる手だてが当時あれば、父はもう少し長生きできたのだろうか。取り戻せない自問自答を繰り返している。

一一月二八日付

57 介護保険で住宅改修、慎重に使えるものに

■父 【私の回想】せっかく取り付けた手すりも使ったのは一年ほど。

浴槽で溺れた父。浴室に手すりが必要だと考えた。タオル掛けを手すり代わりにしていたが、いかにももろい。救急搬送されるなど、すでに危険領域に入っていた。

手すりの取り付けやバリアフリー化などの住宅改修には介護保険から補助が出る。父の場合、自己負担は一割。ただ、補助が出る工費は二〇万円までだ。

なので、二、三カ所に手すりを付けたら上限に達する。役所への事前届け出も必要だ。手続きは、ケアマネジャーさんに手伝ってもらう。

業者選びも重要だ。住宅改修は介護保険で唯一、一定の質や技量を満たす「指定基準」がないままスタートした。なので、どこの工務店でも請け負える。だが、人の動きは百人

百様。手すりの高さや金具の位置など、経験がものをいう。

父と相談し、浴室と玄関に手すりを付けることに。上限に収まるよう見積もりを取った。

だが、一番大事なのは施工だ。工事当日、私も立ち会った。作業員はあらかじめ下見した通りに仕上げて、次の現場に行きたがったが、ちゃんと使える手すりでないと困る。玄関では何度も父に動いてもらって、適度な手すりの高さを探る。浴室では実際に父に浴槽に入ってもらい、手でつかみやすい位置を調整した。

「だいぶ楽やわ」と父。「これで二万円（自己負担額）なら安いな」とも。

施工に時間をかけたかいがある。

だが結局、在宅で父がこれを使ったのは一年に満たなかった。こちらの用意する以上に、父の老いは早かった。

一二月一二日付

58 家の財布は渡さない

□**母**　【私の回想】「無駄遣い」と私が言った言葉に猛反発。

家の財布を任されること。それは母の世代にとって、主婦としての存在意義に近いものだ。母の場合、認知症になって、その執着は強まったように思う。

郷里近くに転勤し、実家に日参できるようになると、家の経済が見えてくる。母の隙を見て通帳を見る。夫婦の年金、私からの仕送りでは足らず、貯金を取り崩しているのが分かる。

各種調査によると、一般的な老後の生活費が二三万～二七万円というから、確かにそんなところだろう。すでに通帳の一つは残高ゼロ。早急に倹約策を練らねばならない。いずれ通帳を私が預かることも…。

と考えつつ家に着くと、居間のテーブルに健康ドリンクがところ狭しと置いてある。

「誰から送ってもらったの？」

母に聞いても「分からない」「何やろね？」と不思議そうに見ている。

だが、伝票を見て見当が付いた。某金融機関の通帳をチェックする。ああ、やっぱり。その日付に料金が引き落とされている。

顔なじみの職員に勧められ、「それじゃ、一箱もらおうかね」となった情景が容易に想像できる。そして、家に帰るとそのことをすっかり忘れるのだ。

「これ、お母さんが買った物ですよ。この通り通帳にも書いてあります。あまり無駄遣いしないでね」。柔らかに言ったつもりだが、「無駄遣い」に反応したらしい。

「そんな二、三千円くらいのことでガタガタ言わんといて。耕喜のお金じゃあるまいし！」

私の手から通帳を取り上げポーチにしまう母。買い物問題は金融機関の責任者に説明して解決したが、あのころの母は大ざっぱでもお金の計算ができたのだったな。

一二月二六日付

59 車いすの上で体を起こす

□母「一緒に散歩で花見」の言葉にうなずいたようだ。

父を亡くしたからと言って、いつまでもほうけてはいられない。どっこい、母は生きている。看護師さんらの努力により、普通の車いすに乗れるようになることを目標に、訓練を受けていた。

平日に休みをもらって年金等の手続きを終え、ようやく母の元にたどり着いたお昼前。このまま食事の介助だな、と待っていたら、昼食のプレートの代わりに、リクライニング型の車いすが入ってきた。

聞けば、寝たままベッドで食べさせるのではなく、できるだけ、座った姿勢で食べてもらうことにしたのだという。無論、それができるのはマンパワーにもよるが、そこを工夫しながらやってくれているのがうれしい。

そう思って見ている間も、看護師さんは母を車いすに移した後、背もたれをどんどん起こす。目測で六〇度くらいまでは上げただろうか。「苦しくない？」の問いに、首を横に振る母。

上半身を起こした母と、真正面で向き合ったのは何カ月ぶりだろう。口元におかゆを運びながら話す。

「お母さん。これはすごいことです。座位、つまり、座る姿勢をとり続ける筋肉の力が戻りつつある証拠です」

その間、じっと私の目を見る母。理解はできずとも、いい話であることだけは伝えたい。

「そしたら、普通の車いすに乗れるようになります。耕喜が押しますから、お母さん、一緒に散歩に出ましょう。今は冬でも、必ず春になります。〇〇川の堤の桜を見に行きましょうね」

母がうなずいたように見えたのは、私の願望のせいだけではないと信じている。

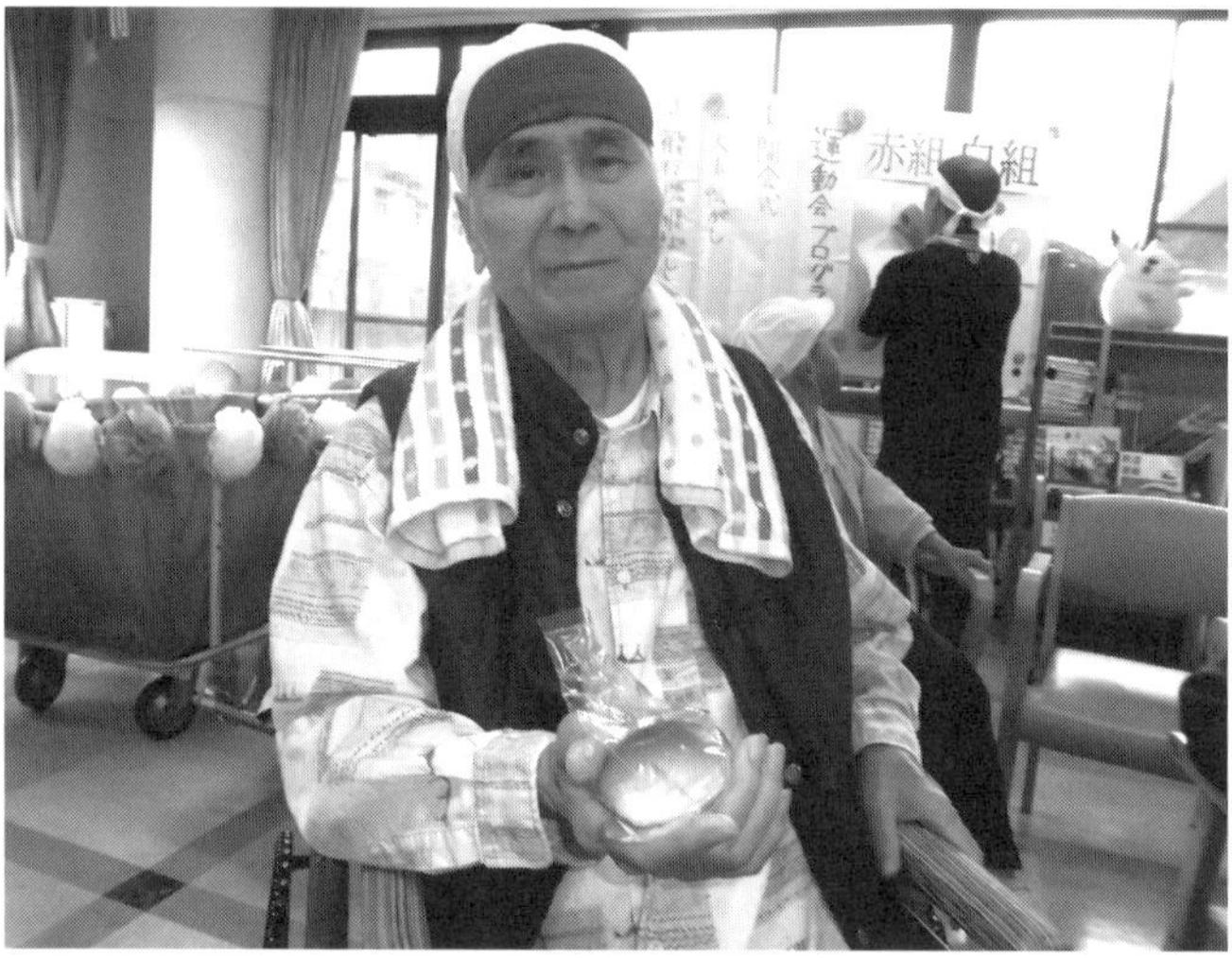
運動会プロ
赤組 白組

Ⅳ　老いゆく母の喜びと悲しみ

二〇一九年

一月一六日付

60 節目で感じる老いの進行

□**母** 指の間に差し入れたお年玉を孫に渡す。

■**父** 亡くなって半年。実家近くの墓地に眠る。

元日に弟一家と母の病室に集う。母がここで年を越すのは三回目か。背の伸びたおいっ子たちに「おばあちゃんに近況報告してね」と促す。「なるべく顔を近づけて」と。

こういう節目を迎えるたび、老いが進んでいるのが分かる。昨年は「お母さんからお年玉を渡してあげて」と言うと、布団から腕を出してくれた。今年はできない。

何より、今年は父がいない。亡くなってはや半年。父は実家近くの墓地にいる。後で酒や菓子などを山盛りに供えよう。

在宅の「老老介護」が行き詰まったころを思い起こす。介護する母は認知症、介護を受ける父は足腰こそなえていたが、二人ともまだ元気があった。ののしり合う声にも張りがあった。

遠くから老老介護を支えるのは限界と悟り、「介護転勤」したのは五年前。日参するようになった安心感からか、母はさらに私を頼った。日に何度も私を呼ぶ。実家まで車で三十分くらいの職場で私はデスク業務に就いていた。夜勤・深夜勤もあるが、休みの予定は見通せる。

だが、私に「休み」はなかった。母のＳＯＳで未明に職場を出て、実家に向かう。二人をなだめるうちに「休み」は終わる。前に過労で倒れた症状も再発した。医師の指示で一〇日ほど、何回か休んだのもこのころだ。「このままでは共倒れですよ」。ケアマネジャーが案じていたことを思い出す。

お年玉を孫は待ち続ける。布団をめくると、母は右手の親指と人さし指をこすり合わせていた。目を見開いて孫を見る母。母はお年玉袋をつまもうとしていたのだ。指の間に差し入れた袋を孫らは両手で受け取った。

一月三〇日付

61 病で時間の感覚が失われる

□**母**　【私の回想】夜中に私のために米をとぐ。

一人で父親を在宅で介護している男性に会った。その苦労は、施設に頼った私の千倍、万倍だ。話を聞いて思い起こす。私は三日でダウンしたと。

父が特別養護老人ホームに入居したのは、自宅の風呂で溺れ、誤嚥《ごえん》性肺炎で入院したのがきっかけだった。入院中に特養に空きが出て、退院後に移った。すると、独り暮らしとなる母が心配だ。父とのいさかいはやんだが、母も認知症で要介護認定を受けていた。独り暮らしでは火の始末も危うい。なので、宿泊もできる「お泊まりデイサービス」を利用し、父と同じ特養の空きが出るのを待つこととした。

ただ、お泊まり部分は介護保険の適用外。経済上の問題で平日はお泊まりデイ、週末は在宅で、妻や弟と手分けして母の世話をした。幸いトイレは自分でできる。だが、何とかなるという期待は、その夜砕かれた。

「見当識障害」というのだそうだが、母は認知症で時間の感覚を失っていた。夜中もほぼ二時間おきに起きだし、台所仕事を始めるのだ。そんな母の一挙手一投足に神経を張り詰めていると、ちっとも眠れやしない。初めは「お母さん、まだ夜中ですよ」と、努めて穏やかに言えたのだが、何度も何日もやられると我慢も限界に達する。

ふすまの隙間から明かりが漏れてきた。今度は米をとぎ始めたな。抑えたつもりだが、母の両肩をつかむ手に力が入る。

「また何をしてるんですか、お母さん。まだ夜中ですよ！」

おびえた声で母は言った。

「耕喜にご飯食べさせようと思って…」。

ぼけても母は私の母だ。米をとぐ音を聞きながら、一眠りした。

二月一三日付

62 ご近所とのつながりに救われる

□母　私のコラムの写真を見た三人の買い物友だちが見舞いに。

母の「買い物友だち」とお呼びすべきか。三人の女性を母の見舞いに案内した。昨年一〇月三日付の当コラムに掲載された写真を見て「〇〇〇（母の名前）さんでは？」との手紙を頂いたのがきっかけだった。

思えば、だれにでも自分から声をかける母だった。ご近所はもちろん、スーパーでも売り場を動くたびに顔見知りをつかまえては話し込む。ついてきた私は、早くプラモデル入りガムを手にしたいとじれていたが、お三方も、そんな友だちだった。

そうやって母が結んだ人とのつながり。数十年後に介護で生きてくるのだから不思議だ。

老老介護で夫婦のいさかいが絶えなかったころ。「お母さん今、家から飛び出てったよ」との情報をもたらしたのは、私の幼なじみでもある「とおる君」。実家は二軒隣の理髪店で、独立して、わが家の真向かいで美容院を営んでいる。

「自転車をどこに置いたか忘れっぽくなったね」と認知症の兆しを教えてくれたのは、近所の電器・文具店のおばさんだった。夏は母の涼みスポットでもあった。

夜は近所の小料理屋のおかみさんに助けを求めた。母が心慰められる場所だった。

おっと、先輩のことを忘れてはいけない。自転車店を継いだ先輩は、母が自転車のかぎをなくすたび、呼び出された。先輩はその情報もたびたび伝えてくれた。自分がかぎをなくした非を認めたがらない母は乱暴な言葉も吐いたらしい。この場を借りておわび申し上げます。

私や妻、弟が力を合わせたとはいえ、どうにかこうにか日々のハプニングを乗り越えられたのは、このご近所ネットワークのおかげであり、それを築いたのは母自身であった。

二月二七日付

63 本人が喜んでいる妄想には乗る

□母　八三歳の誕生日。ショートケーキを食べられる分だけ。

母の誕生日には、イチゴのショートケーキを用意した。「もう、あと何回、もしかしたら、最後になるかもしれんからな。誕生日に『おめでとう』と言ってあげられるのは」。弟も「そうやな…」と、現場での仕事を早めに切り上げてきた。

イチゴは無理だが、生クリームなら食べられる。のみ下すのをおそるおそる確認してから、スポンジの部分も少し付けてみた。「おいしい？」の問いにうなずくのを見て、私も自分のケーキにフォークを刺した。

母はもう自分の年齢も言えない。これも認知症でよく見られる症状なのだそうだ。「見当識障害」といって、自分の置かれた状況が分からなくなる。妄想も進み、週末だけ在宅介護をしていた頃も、しばしば母の「嫁入り話」に付き合わされた。

差し向かいで食事中、母は言う。「耕喜、あんたには言っておく」。

気分としては百万回は聞かされた話だが、姿勢を正して母に向き合う。

「何でしょう、お母さん」「実は…」

要は、入院していた病院の医師にプロポーズされたと言うのだ。病院は実在するが、母の言う名の医師は存在しない。明らかに妄想の類いだが、何回も「違うよ」と言ううち、面倒になって調子を合わせることにした。

「それは、めでたいですね。挙式はいつに？」「いつがいいかねえ」。うれしそうな母。妄想全開だが、本人が喜んでいるなら、それでいいじゃないか。害がなければ。その少し前、父が施設に入ったころに「夫が死んだ」と近所に触れ回った時は、大慌てで訂正に走ったが。

もしかしたら、母には結婚からの人生をやり直したい思いがあるのだろうか。母の皿にマーボー豆腐を取り分けながら思った。

三月一三日付

64 介護は面倒だけど、家族再生のきっかけにも

□母
■父
【私の回想】

「老老介護」の在宅期は罵倒のし合いだったが、施設での生活が互いへの優しさと感謝をよみがえらすことも。

介護は面倒なことだ。多くの人はそれを避けようとする。介護殺人や虐待など、悲しい出来事も毎日のように起きる。でも、いろんな制度や施設、プロが力を合わせて家族を支えることにより、少なくとも、わが家では壊れた夫婦関係をやり直す機会になったと思っている。

父と母も在宅で「老老介護」をやっていた当時は、罵倒し合う間柄であったことは当コラムにもたびたび記した。母は初めての介護に戸惑うばかり。父はトイレにも間に合わない情けなさで母につらく当たった。

だが、ともに入居できた特別養護老人ホームでは、スタッフから「夕べは奥さまの微熱が引かないのを心配して、ずっとそばにいらしたんですよ」と聞いた。

母が入院して特養から離れた時は、見舞いに来た父に「お父さん、ありがとう」と母は言った。「…ありがと言うのはワシの方や…」と目を潤ませる父。いいシーンだと感じ入っていると、母が続けた。

「苦労もした」「現場仕事に連れ出され…」「カッターで指を深く切ったのに、病院にも行かせず…」

まずい。ここから先は紛争地帯だ。長年、酒と遊びに明け暮れた父に対しては、母の心の中に広大な地雷原が広がる。平和維持のためには、即刻、当事者を引き離さねばならない。「そうやね！　お母さん。大変やったね！　よくがんばったね！　お父さん、そろそろ…」と父の車いすを後ろに下げる。

さて、当コラムも後ろに下がる時が近づいたようだ。第一回で「生老病死はだれにも避けられない」と私は書いた。コラムだってそうだ。書きつづって約二年半。二七日の最終回もお付き合いを願いたい。

三月二七日付

65 〈最終回〉「一緒に散歩で花見」が実現

□母　桜を無事見た帰り道、涙を流す。

そうか、靴下か…。「私のでもいいですか？」。着替え用の私の靴下を渡すと、看護師さんはするすると母にはかせ、足先を毛布でくるんだ。ダウンベストに腕を通し、体を妻の毛布で覆う。仕上げに私は自分のマフラーを母の首に巻いた。耕喜の臭い付きで恐縮ですが…とのわびには特に反応がないので、OKだろう。

考えていた。母と交わした「散歩で花見」（第59回）の約束をどう果たすか。「桜の名所百選」に入る花所が徒歩三分にある。満開の時は人でごった返し、車いすでは難儀するだろう。

橋のたもとに早咲きの木がある。あの桜を近くで見せよう。晴れた日の午後、十分に防寒すれば、一時間程度の外出は可能だろう。医師の承諾も得た。

いよいよ出発だ。弟を先導役に私が車いすを押し、妻が脇で母の様子を見守る。玄関のスロープから外に出る。風が冷たい。

「寒くないですか？」と問うたが、顔を横に振っているのか、路面の凸凹で頭が揺れているだけなのか判別がつかず不明。

川沿いの道を進むと、例の桜が見えてきた。橋の欄干に車いすをつける。妻が母の顔の脇に自分の顔を寄せる。

「お母さん、見える？」

欄干の隙間からだが、枝いっぱいに花を付けているのが見える。

「はい、見えます」

何回かの問いの後、母はこう答えた。他にも花を付けた木をちらほら見やりつつ、帰路に就く。

帰りは弟が押した。「どうでした？」。母に聞こうとしてやめた。母は涙を流していた。

V

介護される側の人生に関心を持つ

介護の苦労が軽減

「闘病×仕事×介護」はますます増える

介護には時間もお金も手間もかかります。がんなどの治療技術が進歩した分、仕事と治療との両立だけではなく、これに加えて「闘病×仕事×介護」の「三立」に挑戦する人は、これからますます増えることでしょう。私もその一人です。

しかし、これを本当に「一人だけ」でやる。まず無理な話です。介護保険を使っても、それは困難でしょう。私の場合は妻、弟に支えられて何とかやっております。大きなトラブルも感情のしこりもなく、助け合っております。その点、私は恵まれました。

このように、うまく行けばいいです。ですが、「嫌なことを押しつけ合う」という態度では、人間関係を損なってしまいます。足りない介護費をどう負担するかなど、お金が絡むと、さらに対立を解くのは容易ではなくなります。孤立無縁となった人の中には、絶望に陥る方もいます。それは、「介護殺人」などという取り返しのつかない悲しいことが、たびたび報じられていることに現れています。

介護は、その人の世話をするだけでも、大変な労力を要します。なのに、心の中で「どうして自分だけが…」という不満をかきまぜ続けたら、いつの日かその感情は爆発します。
介護をする側は、介護の苦労そのものと、その人に対する周りの無理解により、二重に苦しむことになるのです。

不安から遠ざかろうとする本能

人間にはできるだけ不安から遠ざかろうとする本能のようなものがあるのでしょう。我が身を守るためなら、事実に基づいた「現実」よりも、願望や期待に基づいた「虚像」の方を「本当の姿だ」と信じたくなるもののようです。

たとえば、久しぶりに帰省して親に会う場合。一見、親の様子は普通ですが、同じことを何回も言う、でかける約束の時間を何度も聞き返す。もしかしたら、認知症になる前、あるいは初期症状かも知れません。ですが、「年寄りなら当たり前だ」「まだまだ大丈夫」と思い込んで、何もしない言い訳にしてしまうと、その間に親の状況は更に悪くなります。

「都合の悪い真実」を自分の身から、できるだけ遠ざけたいという心理。これは介護が始まっても尾を引きます。

介護を誰が担うか

介護を担う人を誰にするかも、理不尽な不文律がありました。二〇〇〇年に介護保険制度ができる以前は、あるいはそれ以降も、「介護は嫁＝長男の配偶者がやるべき仕事」と言って、介護の苦労を長男の配偶者＝嫁など、特定の家族に「押しつける」ことが目立ちました。今もそういう風潮があります。

加えて、口は出すけど、金も手（手伝い）も出さない人の多いことにも、介護をする人をさらに傷付けます。夫に相談しても、「俺は関わりたくない」という態度で妻の意をくじきます。

子育てにおいては、男性も積極的に関与することが重要という認識が広まりました。否、「関与する」という表現ですら、「メインは妻、ボクお手伝い」というニュアンスがプンプンして、「わがこと」としてとらえていない、という鋭い指摘がなされるようになりました。

介護も同じです。上に書いたような、要介護者の実子など当事者であるにもかかわらず、長男の嫁に説教をし、文句ばかり言う人が時々います。おそらくは、自身でも後ろめたさがあるのでしょう。文句を言うことで、介護に貢献していると自分を納得させたいのかもしれません。これからの予測が付きにくいのが介護の特徴です。ベストな選択ができればいいのでしょうが、そう易々と「理想の介護」ができる訳がありません。散々かけずり回って、ようやく二番手、三番手に滑り込むのが現実です。

「それは介護とは言いません！」

私も言われました。「生活部記者の両親ダブル介護」の連載が始まった当初、弊社に対し、電話、ファックスなどで、しばしばこのようなご意見を頂戴しました。「あなたは親を施設に預けているのでしょう。それは介護とは言いません！」。あるいは、「家で世話をしなくて済むなんて、天国のようじゃありませんか」とも言われました。

私の場合は、「在宅での老老介護」が破綻し、いわゆる「老人漂流」を経て、両親の居場所を探し続けた結果です。特別養護老人ホームとはいえ、一つ屋根の下で、あんなにいがみ合っていた夫婦が手を取り合うようになったのです。

読者からお叱りを受けるのは時としてありますが、両親とも要介護になって「天国」と言われたのはさすがに辛いものがありました。でも、お話をお聞きすると、そういう方々は、ご自身も自分の心を圧し殺して介護の辛酸をなめてきたのでした。さぞ悔しい思いもしてきたことでしょう。特に介護保険制度が始まる以前に介護をしていた方は、孤立無援で苦しい日々を過ごされてきたことでしょう。「私なんか、十何年もそういう暮らしを一日も欠かさずやってきたんだから。それと比べたら、あなたのやっていることなんて、遊びじゃないですか」。

介護経験の苦労をもとにアドバイス

お気持ちは分かります。認知症の進んだ母を、週末の三日間、在宅で面倒を見るという時期が何ヶ月か続いた時がありました。三日でダウンしました。私がです。こりゃ、親族の介護を理由に仕事を辞める「介護離職」が一年に一〇万人いるわけだと実感しました。

それでもです。そう言って「私の方が大変だった」「いいや、あんたの所はお金の心配がなかったから気楽な方よ。うちなんて…」。こんな「不幸の競争」は、もうお終いにしませんか。そんなことをやって、誰も幸せになりません。吐いた言葉は毒となり、あなたの心を汚すばかりでなく、人の心をも萎えさせます。

むしろ、そうやって苦労に苦労を重ねた経験を活かし、今、介護で悩んでいる人の支えとなってくれないものでしょうか。不十分だとか、いろいろ批判はありますが、現在は介護保険もあります。「私の時はなかった・・」と落ち込むのではなく、「当時はこういう工夫をした」とか、「その工夫と組み合わせて、こう使えば、ずいぶんやりやすくなる」などという、具体的アドバイスに変えていけないものでしょうか。毒を吐くのではなく、毒で窒息しそうな人たちに、新鮮な空気を送るのです。連載が始まってまもなく、まさにそのような決意をしたためたお手紙を頂戴致しました。「親を見送って、しばらくぼーっとしていましたが、自分の経験が、他の人々の負担や不安を軽くできたらと思っています」という趣旨のお便りでした。現実に動き出すと苦戦していたようでしたが、人事なのは、その志だと思います。

「介護をすること＝人生の不幸」にしてはならない

長くなったので、この本の趣意をあらためて示しましょう。大事なことは、何回も繰り返すのです。イチローの素振りと同じです。

「介護をする側の苦労や辛さは、介護をされる側が歩んできた人生について関心を持つことにより、ある程度、場合によっては相当程度、軽減される」

最近、政府の統計データは手抜き調査が発覚して、本当に実態を反映しているか怪しいところですが、日本の介護政策を担っている厚生労働省の調査によると、要介護認定を受けた人は年に六〇〇〇万人を超え、七〇〇〇万人に迫ろうとしています。認知症の患者だけを数えてみても、二〇二五年には七〇〇〇万人を超えるだろうと予測されています。

日本の労働力人口はざっと六千万人程度です。人口減で、ますます減っていくと言われています。増える要介護者。一方で、減り続ける支える人たち。「団塊の世代」も介護を受ける「お年頃」に入りました。

すると、だれもが身近な家族に介護を要する人がいるという、「大介護時代」が到来するのは、「この雨はいつか止むでしょう」という天気予報並に確実なのです。家族に介護を必要とする人がいるということが、これからの日本人の「標準装備」になるということです。だれもが、父母・祖父母の介護を「ひとごと」ではなく「わがごと」＝自分自身の問題だと捉えて、準備や覚悟をすべき時代がもう来ています。そういう時代に、「介護をすること＝人生の不幸」という等式が現在のまま成り立ってしまっては、日本人は全員このまま不幸の坂を駆け下りていくことになります。

　そんな日本になることを、誰が望んでいるのでしょうか。生老病死が命あるものの定めだとしたら、「老いて、病んで、死んでいく」ということも、穏やかな日常の営みの中に溶け込んでいくべき営為のはずです。そんな「穏やかな日常の営み」には、喜びも笑いもあるでしょう。優しさやぬくもりだってあるでしょう。なのに、新聞を開き、テレビを付ければ、介護をめぐっては深刻な話ばかり。まるで「逃げろ！」と言わんばかりの災厄扱いです。

　ですが、介護は災厄ではありません。介護の渦中にあっても、ささやかな幸せはある。コラムを書くに当たっては、そういう思いで、できるだけ淡々と筆を運んだつもりです。

介護をする側の幸せが大切

大切なことは、介護をする「あなた」が楽になることです。幸せでいることです。人は笑顔の人に対しては笑顔で、不機嫌な態度の人に対しては不機嫌な気持ちで応じるものです。介護する側の「不幸」は、介護される方にも染るのです。

だから、介護する方は幸せでなくてはなりません。張り付いたような笑顔であっても、努力するのです。それは大変な苦労を要することであることは、私もよくわかります。私の五体を蝕むパーキンソン病は、筋肉への指令を滞らせる症状が出ます。顔の表情も顔面筋肉がコントロールしているので、笑顔も含めて表情が作りにくいのです。これを「仮面様相貌」と言います。何も知らずに私に接する人からは、私が何か怒っている、不機嫌なんだと、よく誤解されます。「何のプレゼントがなくても、一日二、三回、笑顔さえ見せておけば、最高の親孝行になる」と昔の人は言いましたが、すばらしい営業スマイルを身につけた方でも親には素っ気ないことは少なくないので、やはり大事なのは心でしょう。

親の人生に興味を持つ

ですが、「急に親への興味津々」となるのも不自然な話です。「そろそろ親がやばそうだと、遺産目当てで近づいてきたぞ」と思われるのが落ちです。

私は両親を自分のルーツと考えました。当たり前ですよね。コラムにも書きましたが、介護が始まってから、私は「自分は親のことを全然知らなかったんだな」と思い知らされました。話していたのかも知れませんが、興味がなかったために忘れてしまったのでしょう。それが、介護が始まって、両親の接点や会話が増えると、「この人、波瀾万丈の面白い人生を歩んできたんやないか」と思えるようになったのです。一例を挙げましょう。

私にとって、夫婦史上で最大のナゾは、「なんで、結婚なんかしたの？」という疑問でした。親族の断片的な証言を元に、どうやら二人は岐阜市の「柳ヶ瀬」かいわいをデートスポットにしていたらしい。あまり「男と女」としての親の姿を深掘りするのはためらいがなかった訳ではありませんが、それもまた私がこの世に生を受けた重要なピースには違いありません。平均的寿命を考えれば、まだ言葉がクリアなうちに聞いておきたかった。

就職し、山里から岐阜市内でひとり暮らしを始めた酒好きの父に、「柳ヶ瀬に行くな」といっても聞かなかったことでしょう。柳ヶ瀬のこととなると、父の口は重い。苦心して父の口を割り、当時、興隆を極めたキャバレーにも通っていたことも分かりました。いよいよ、母とのなれ初めの本題に入ろうとした時、父はおもむろに言いました。

「それよりも、キャバレーで安く遊べる方法を教えてやろうか」

特養ホームの一つ屋根の下で得た平穏

特別養護老人ホームで暮らすようになって、しばらく経った時でした。母も父を上回る紆余曲折の末に同じ特養に入居し、ひとまずは「夫婦同じ屋根の下」という暮らしが実現したのでありました。

ここでなら、はちゃめちゃな老老介護でアイスクリームを主食としたり、男性用尿取りパッドと女性用生理用ナプキンを取り違えることもありません。

父を世話していた母は、今から思うと…という注釈付ですが、すでにそのころには認知症を患っていたのでしょう。父にオムツをはかせるにも、袋に書いてある説明書きが理解できないものだから、オムツの前後が分からない。父はシモのことも自分でできない屈辱感に打ちのめされていたのでしょう。もたもたしている母を罵倒していました。罵倒された母は、過去の父の悪事を並べ立て、一〇倍くらい言い返します。父は「だったら、早よ俺を殺してくれよ」と母を睨み付ける。在宅での老老介護は罵詈雑言であふれていました。

特養に入居すれば、その心配はなくなる。栄養士によって、きちんと管理された三度の食事が出る。「おやつ」の時間もある。車椅子で通り抜けるだけだが、花見も紅葉狩りもある。運動会だってあるのです。父はパン食い競争で、それは見事な「背筋伸ばしの技」を見せ、あんパンをゲットしました。「親を施設に入れるなんて…」という非難も日常茶飯事ですが、特養は、（運営とスタッフとによるが）、世間が言うほど悪いところではありません。

父母の人生のナゾを探る

父母にとっては、ようやく穏やかな時間が訪れたのです。人間らしい話ができるようになる。無論、老いは死に向かっていく下り坂だが、それまでに聞いておきたいことが山ほどありました。半世紀近くこの夫婦と付き合ってきたはずなのだが、ナゾが多いのです。その筆頭が「柳ヶ瀬」でした。

本書は「介護をする側の苦労や辛さは、介護をされる側が歩んできた人生について関心を持つことにより、ある程度、場合によっては相当程度、軽減される」という仮説の元に書かれていることはすでに述べました。だが、当時はそのような美しい目的など思いもつかず、ただただ、私及び、多分弟も抱いている疑問を明らかにしておきたかったのです。そもそも結婚した仲です。お見合いでもない。好き好んで結婚したはずなのです。少しくらいは互いに気に入って一緒になったはずです。

日当たりのいい特養のロビーで、車椅子に乗った父は、同じく車椅子の母の隣でテーブルについている。母からはもう体系的な思い出話は出てこない。認知症が進んでいるためです。でも、穏やかに二人隣り合って座っているなんて、家にいたなら奇跡的なことです。

多少の調べはついていました。父母の何気ない一言、ケンカになった時に出てくる母の罵詈雑言。「母との結婚をめぐり、父は兄と竹林の中で殴り合いのケンカをした（親戚筋）」、「アパートに住んでいた時に、部屋に忍び込んできた男たちに襲われそうになったけど、お父さんの部屋に跳び込んで逃げることができたの（認知症になる前の母）」、「ばあさん（父の母）がその人柄を気に入って、結婚を許して貰えたの（叔母が生前に）」「でも、世間におおっぴらにはできないと、祝言は兄宅の座敷でやった（一〇歳年上の従兄弟）」「その三三九度は私がやった」（その妹）。

これら断片的な話を総合すると、二人は岐阜市の柳ヶ瀬で出会ったのではと推測された。前回、父を訪ねた際に聞いた。「お父さん、お父さんはお母さんとは柳ヶ瀬で出会いましたね」。

イエスともノーとも言わない代わり、父はかつて柳ヶ瀬にあったキャバレーの名を口にした。「『ニュー・モリナガ』」や」。「モリナガ？」オウム返しに問うと「菓子作ってるとこと同じ字や。木の『モリ』に『長い』や」。

資料で裏を取る。確かに、その名はありました。「ナガ」は『長』ではなく、『永』でしたが。

「キャバレー・ニュー森永」何と因縁めいた場所でしょうか。私が二〇一五年八月まで編集デスクとしてはたらいていた「中日新聞岐阜支社」の近所というか、ほとんど「お隣さん」ではありませんか。もっとも、キャバレーのあった当時、そこには「岐阜文社」はありませんでした。

次の週、そのことを父に告げる。「そこでお母さんと知り合ったのですね。最初の出会いはどんなだったのですか？」。長年のナゾを今こそ解こう。父と母は、せめて初めだけでも、確かに愛し合って結ばれたのだ。その証をぜひ口にしてほしいのです。呆けてはいるが、母がまだ父を「ダンナ」と理解できるうちに。

ややあって、父の唇が動き始める。そして音声となって聞こえてきたのが冒頭の言葉だ。

「キャバレーで安く遊べる方法を教えてやろうか」

・・・

私は脱力せざるを得なかった。父よ、今、耕喜はあなた方が夫婦となった核心に迫ろうとしているのです。その店の名を挙げたのもお父さんです。喧嘩ばかり見せてこられた私たち兄弟に、しばしの時間であっても、仲睦まじき思い出のひとかけらを分けて下さってもいいのではありませんか。

心はそう思えど、口には出さない。五〇年の付き合いだ。どういう質問にも、真正面から答えない父であることは百も承知です。なのに自分の言葉を遮ると、途端に不機嫌になる父でありました。

仕方なく聞く。「ええ、どうぞ、その『キャバレーを一〇倍楽しむ方法』でしたか、いやいや、『キャバレーで安く遊べる方法』でしたね。どうぞご教示下さい。拝聴いたしますから」。

キャバレーで安く遊べる方法

本書の趣旨とは何ら関係ない話です。従って、ここでは箇条書きで概要のみを記すことにします。

◆キャバレーで安く遊べる方法

①　一升瓶を用意する

②　酒屋に行き、二級酒を詰めてもらう

③　下宿でひたすら飲む

④　酔いが回ったところで、ダッシュして柳ヶ瀬に向かって走る

⑤　キャバレーに着く頃には、激しい全身運動で酔いもピークに

⑥　入場料二〇〇〇円也（店によって異なるが、だいたいこれくらい）を支払って店内へ。ちなみに当時の父の月給は一万五〇〇〇円。

⑦　もうベロベロに出来上がっているので、飲み物は一杯だけ注文。

「店の中で酒を頼むと高いやろ。あらかじめ飲んでおくのが肝心や。それと走ることとな」

本人は、何か重大な教訓を与えたつもりのようだが、私の脳裏には三つの文字が大きく投影されていました。**「せこい…」**。

せこすぎますよ、お父さん。思わず「父よ、あなたはせこかった♪」と歌ってしまいそうです。まさか、介護の現場で「キャバレーで安く遊べる方法」のレクチャーを受けるとは、耕喜は思いもしませんでした。

今で言う「ＤＶ」な父ではありました。殺意すら抱いた幼い日の夜も。だけども、今さ

らながら言葉を交わしてみると、実はユーモアのある面白い人ではなかったか。

介護は父母の歴史を引き出す最後のチャンス

母についても言える。集団就職で、先に就職した姉をたよって豊橋の紡績工場で働いていたらしいのですが、それ以外の時の出来事を、母は語ったことはありませんでした。すでにこの本にも収録されている「生活部記者の両親ダブル介護」が始まり、ネタを探さねばという現実的な動機もありました。だが、父母にも歴史があり、介護の場はそれを引き出せる最後の機会だと気付きました。「それは施設介護を選択し、楽ができるようになったからだろう」という人もいる。確かにその面はあるが、夫婦がののしりあっていた老老・在宅介護のままだったら、ふたりとも人生の最後を滅滅とすり切らせていたに違いありません。失笑や苦笑いも含まれてはいるが、「笑」の文字が入っているのですから、それでいい。

どんな人の心にも、その奥底には自分が生きていた時代と人生の記憶を宿しています。たとえ口がきけなくなっても、人生の来し方、行く末を考えていると、両親の介護を通じて確信しました。

その記憶と共にあなた自身のヒストリーもあります。今、目の前に横たわっているその人は、親であったなら、親が生きてきた歴史であり、あなた自身のルーツでもあるのです。親が元気なうちは、そんなことは思いもしないでしょう。いよいよ親が人生の黄昏時を迎えた時に気付くのです。私も親の好物を知らず、誕生日でさえ曖昧でした。自分がこの世に産み落とされるまでに、親はどんな人生を歩んできたのか。私は知らないでいました。私にとっては、両親の介護は、それを引き出す最後のチャンスとなりました。

「甘い。それは余裕のある人の話だ。三浦記者だって施設に頼ったのでしょう?」。こんな反論が聞こえてきそうです。確かにそうです。ですが、在宅でもやっておりました。在宅での「老老介護」を支えるため、地元に戻り、それまでのキャリアも捨てました。ですが相次ぐトラブル、事故により、在宅での介護は行き詰まり、最後にたどり着いたのが施設でした。

　ですがそうしたことで、まさに仰る「余裕」が生まれ、罵り合っていた夫婦が手を取り合うようになりました。

私が二人のなれ初め、どんな人生を歩んできたか興味を持ちだしたのは、その頃のことです。興味を持てば、父と会って話を聞くのが、息子としての「義務」から、いつの間にか歴史を解き明かす研究者のような気分になります。

残念ながら、嚥下の機能低下に伴い、父は声をなくしましたが、生まれ育った里について記録を残しておいてくれていました。これも大変興味深い。確かに山里の暮らしは不便です。不便なゆえ、知恵でそこを補った。現代社会に生きる私たちは、不便さに対しては新しい道具、新しい技術、新しい手段で解決を図ろうとしますが、当時の人たちは手持ちの道具や材料を使い、これを知恵を組み合わせて乗り越えていったのです。

「わけあり人材」は格好いい

新聞に連載された記事は、必ずしも「興味は介護を（ほんの少しでも）楽にする」をテーマにしたものばかりではありません。ですが、「この人から何かを引き出したい」という思いでつづったのは、共通すると思います。その思いが、介護の苦労を、介護が迫っている不安を一グラムでも軽くできたら、筆者としてこれ以上の喜びはありません。

家族の介護だけでなく、様々な「わけあり」を抱えて日々戦い、疲れ、倒れる人が今、この瞬間にもいます。それでも、泣きながらでも、再び立ち上がろうとする人がいます。地に手をついた貴方のことを、だれかが「格好悪い〜」と見下すかも知れません。でも、三浦はこう思うのです。夜、汚れた畳をひとり拭いている貴方ほど、気高く美しい人はいません。格好いいです。格好悪いのは言う・言わないにかかわらず、あなたを軽蔑する者の方です。「格好悪い」のは彼らの方で、醜悪ですらあります。もし、この世に天使がいるなら、床に膝をついて涙を落とすあなたの背中に、一対の白い羽根が輝いていることでしょう。

そうです。**「わけあり人材」**は格好いいのです。

あとがき＊母の死と「介護における、ささやかな喜び」

母が天へ昇っていったのは、秋晴れの、あたたかな陽の射す午後のことでした。棺の中で花に埋もれた母は、ほんのりと薄化粧を施され、湯上がりのように頬がつやつやしていました。「○○ちゃん、若返ったわね」とだれかが言うと、親類の皆が頷いていました。

病院から急を告げられたのは、その前々日の午前一時半でした。枕元で携帯電話がけたたましく鳴りました。母の居る病院からであること、間違いなく危急の知らせであろうことは、必死になって首を右に曲げたことにより、視界の端に入ってきた携帯の画面で分かりました。

私の体は急には動かせません。厚生労働省が指定する特定疾患、いわゆる「難病」の一つである「パーキンソン病」に罹り、症状が進んでいるためです。

全身の筋肉は、脳からの指令で動いています。脳の中では様々な情報をキャッチボールしながら処理し、「今、どことどこの筋肉を、どの程度の力と方向で動かすべきか」を瞬時に判断。それを筋肉に指令することで、人の体は動いている訳です。立ったり、歩いたり、普段、何気なく行っている所作も、脳が一生懸命に働いてくれているおかげで、特に意識しなくても、「自動」でこなせるわけです。

脳内で情報をやり取りする物質は「神経伝達物質」と呼ばれています。その中でも、重要な物質の一つが「ドーパミン」と呼ばれるものです。このドーパミンは、脳内の「黒質」というところで作られ、伝令役を果たした後は分解されます。

パーキンソン病は、このドーパミンが作られにくくなり、欠乏するために起こります。これが少なくなると、脳の指令が正しく筋肉に行き渡らなくなるので、「動作緩慢」、すなわち動きが鈍くなります。顔の表情も、顔面の筋肉が動かしにくくなるので、表情のない「仮面様相貌」という現象も現れます。舌や唇周辺の動きも怪しくなるので、呂律が回らなくなったり、舌足らずな話し方にもなります。

これらはまとめて「不随意運動」と言います。「随意」、つまり、自分が思うように動かすことが、「不」、つまり、できないのです。

例を挙げれば、アトランタ五輪で聖火台に火を付けた元ボクシング世界チャンピオン、モハメド・アリの片腕がぷるぷる震えていたのがそうです。ＳＦ映画の「バック・トゥ・ザ・フューチャー」に主演し、世界中の女の子の心を鷲づかみにしたマイケル・Ｊ・フォックスも、スピーチなどでは必死に左腕を押さえ込んでいます。腕が勝手に動いてしまう症状があるからです。その模様は、動画サイトでも見ることができます。

私も震える指で携帯を探りました。ようやく携帯の一部に指が届いた時、鳴り続けていた着信音は止み、今度は妻の携帯が鳴り始めました。妻は瞬時に飛び起き、明かりを付けると言いました。「お母さんの呼吸が乱れているって。すぐに来て下さいって」。

緊急事態にもかかわらず、私は布団の脇でようやく四つ這いになろうとしてもがいているところです。まずは、比較的近くに住む弟に急を伝えねばと、スマホの暗証番号を解こうとしましたが、失敗。落ち着け、落ち着け、ともう一度トライして弟を呼び出せました。二度目の電話に出た弟は、「こんな時間の電話は、それしか理由はないよな」。そう言って、弟に病院に向かってもらいました。私は苦しい息をしているであろう母の姿を想像しながら、まだ立ち上がれずにいました。「早く、早く、母の元へ行かねば！」と焦りながら、重く、動きの鈍いこの体と闘っていました。

その間、妻は喪服など私のものも含めた荷物を用意し、薬の置いてある部屋からパーキンソン薬を持ってきてくれました。本当はやってはいけないのでしょうが、早く体内に吸収されて効果が出るよう、私はその錠剤をかみ砕いて飲み込みました。

効果が出るまでには三〇分から一時間程度かかります。それでも杖を頼りに立ち上がり、ようやく外へ。妻の運転で国道を北へ向かいました。

車中、各方面に連絡し、調整の結果を待ちながら、ここ二、三週間のことを思いおこしていました。母は微熱が続き、二、三日後に下がる、というパターンを繰り返すようになっていたのです。今まで完食していた病院食も、残すようになりました。

ですが、母の顔色はよく、赤みさえさしておりました。言葉こそ発するのはまれとなりましたが、意識もあり、問いかけに頷くこともできました。

前年八月に死去した父の時は、「中心静脈栄養」という措置に切り替え、首からの点滴で栄養補給していましたが、次第に痩せていったことを覚えています。ですので、「父と比べれば、まだまだ体力はある。きっと正月も迎えられるだろう」。そう思って楽観していたのです。

以前、「人間は事実より願望を信じる傾向がある」と書きましたが、まさに私もそのわなにかかったのです。

母の近況を伝えた最後の記事は、二〇一九年十月二六日の生活面に載った「記者のつぶやき」でした。母の熱が下がったことに一喜する心情をつづったものです。母の「記者のつぶやき」は短文ですが、これにて近況報告としたのでした。

連載終了後、その後の母の様子を多くの読者が見守ってくれていました。そっと様子を尋ねるお葉書やお手紙も受け取りました。

しかし、病魔は容易に退散しません。誤嚥から母は肺炎を発症。再び発熱しました。コンピューター断層撮影（ＣＴ）で、胸に水がたまっていることが分かります。水がたまった部分では、酸素の吸収・二酸化炭素の排出というガス交換ができません。呼吸はしても、体に酸素が取り込めないのです。

病院に到着した時、母はすでに亡くなっていました。三〇分ほど早く到着した弟も間に合わなかったと言います。母の手に触れると、手先が冷たくなっていくのが分かります。冷たくなりきらないうちに、母の手に弟と私の手を重ねました。父の時と同じ格好で、母の命が母の体から去って行くのを見届けました。

午前七時前に黒塗りの寝台自動車が到着。母は二〇一六年に、ここの病院に入院してますので、三年、家に帰っておりません。車ならわずか二〇分とかからない距離です。座位が保てるようになって普通の車いすに乗れるようになれば、車に乗せて二～三時間なら外出できます。でも、そんな日は来ませんでした。だったら、寝台車を福祉タクシー会社に頼めばいいじゃないか。保険適用外だが、費用は自腹でもいいじゃないかと、いったん計画しましたが、豪雨により中止になってしまったこともありました。

何もかも、もう遅い。私にできたことは、母に語りかけることだけでした。「お母さん、家に着きましたよ」。

仏間に安置された母は、やれやれと、一息ついているように見えました。仮の祭壇をしつらえると、喪主としての務めが始まります。前年に亡くなった父の時と同じ業者なので、今宵の仮通夜、明日の通夜、あさっての本葬と、さくさく決まっていきます。遺影の写真も選び、いったん業者は各種手配、設営のため退席しました。妻や弟も各方面の連絡に出て、午後の数時間、暇ができました。家には私と母以外にいない様子。弔問客用の座布団を運んでいた私は、ふと母の左側に座布団を隙間なく並べ、母の脇で横になってみました。心臓は動きをやめても、母の体からは「やすらぎのオーラ」みたいなものが出ているのでしょうか。私は眠たくなりました。来客があるかも知れん、線香は渦巻き型なので、相当の時間持つはずだが…と、睡魔と戦っているところに、弟が部屋に入ってきました。気づいた私は弟に言いました。「お袋の横、なかなかいいぞ。お前も横になれ。俺ら、夜中から動いとるでな」「そうやな。お袋の横で休ませてもらうか。

弟は私と母の間に割って入ります。「なかなかいい感じやろ」。弟への問いに返事はありませんでした。弟は横になってすぐ、寝息を立てたからです。

静かです。母子「川」の字になって眠ることの、なんと贅沢なことでしょう。四〇年ぶりかも知れません。そして、今日が最後です。

眠りかけた頃、業者が戻ってきました。隣室でさらに打ち合わせです。

お金をめぐる話は午前中にしたので、後は基本的には業者の振り付けに従いました。前年の父の葬儀では「喪主の挨拶が長かった」と不評だったので、言いたいことを一点に絞りました。「母は見知らぬ相手にも、自分から声をかける人であった」と。アイスクリームなど買って母に捕まったら最後。せっかくのデザートも台無しにされた方もいらっしゃることでしょう。

手短にと挨拶は短くしましたが、私は知っていました。家の玄関扉を開いて入ってくるときの母の変わりようを。父はいわゆる「内弁慶」な人でした。外面はよくても、家ではビール瓶を割って、憂さを晴らす人間であることを。

私たち兄弟は長じるに応じて、父に諫言したのですが、父は聞き入れません。母はおびえるばかりです。

だからか。老いて足腰が萎えると、物理的な暴力を母に加えることは不可能になりました。おびえるには及ばなくなったのです。母の「言論戦」が始まりました。介護や食事などで父が文句を言うと、母は家中回って、あらゆる窓を季節問わず全開にします。後は罵詈雑言を延々と続けます。世間・ご近所に本当の父の姿を知ってほしい。もはや父は玄関のたたきを降りられない。

しかしまあ、これを大晦日の晩にまでやられたのでは、ご近所はたまったものではありません。何回パトカーが来たことやら。ゆえに、子どもとしては、切実な祈りがありました。笑いさざめいて二人寄り添ってほしいと。

図らずも、介護はそれを実現する場となりました。まったく思ってもみなかったことです。病気の進行具合といい、母の命が消えていくプロセスは父とそっくりでした。前年に続き、今年。まるで、父の後を追いかけていくかのようでした。

さんざん母に手を上げ、外道な酒の飲み方をした父です。遺影を持って霊柩車に同乗し、母の棺に手を添えて火葬場へ。今はどの辺りを昇っているのだろうかと雲間の空を見上げました。ふと声に出して言いました。「そんな男を追いかけたって、しょうがないじゃないですか、おかあさん…」。

思い出の中で母が反論します。「いいや、耕喜には分からん。夫婦のことは夫婦にしか分からん」。その時、母は東京の我が居宅に「亡命」してきていました。「もう、東京の子になる！」と。

でも、それも一週間ほどで終わりました。「家に帰る」と母は言うのです。「どこに行くのですか？」の問いには答えず、「私には居場所がなくなった。いよいよ切羽詰まった」と嘆くばかりです。「東京の子にもなれん。あんなに狭い家では…」。どうも、悪かったですね、東京の家賃が高いせいです、お母さん。

そんなこんなをなだめすかして数十年。ようやく夫婦らしい振る舞いは、特養の中で実現したとは驚きです。欲を言えば、母の認知症が軽度のうちに実現できればよかったのですが、まあ、間に合ったということにしましょう。

「あんたら、子供にも義務があるんやでね。お父さんを何とかして！」というヒステリックな愚痴には、私はこう言い返しました。「お母さん、それはあなたが選び取った道です。お父さんもあなたが選んだ伴侶ではないですか。責任はそういう人を夫に選んだお母さんにあります。その**親の失敗を、子供から取り返そうと思わない**でいただきたい」。

書いていて、私本人が身震いするような冷たい言葉です。わが子にそう言われ、母がどういう反応を見せたかは忘却の彼方ですが、相当ショックだったことでしょう。

でも、それは傲慢な言いぐさでした。なぜなら、その「失敗」のひとかけらでも欠けていたら、私はこの世に生まれてこなかったのですから。この世に生まれ、楽しみを謳歌し、恋することも、愛することも知った。すべてこれ、成功も失敗も、勝利も敗北も、善行も悪行も、両親が経てきた道の行き着くところでした。だったら、親の失敗に対しても感謝すべきでしょう。

だから、私は謝りました。もはや母に理解力のない状態だとしても、言って鼓膜を震わせるだけでもいい。母がぼーっとしているときは、こう尋ねることにしていました。「昔のことを思い出してたの？」。大抵、母はうなずきます。「悲しいことですか？」。この問いにも、おおむねうなずきます。

「こんなことを言って傷つけたこともありましたが、覚えていますか」。特に表情に変化はなく、じっと私の目を見ます。「覚えてないかもしれませんが、むごいことを耕喜は言いました。ごめんなさい」。母は目をまん丸にして聞いています。

父に対してもそうでした。基本的には無口な父です。と言うか、思春期を通じて意識的に接触を避けてきました。そして、進学と同時に家を出ました。もう三〇年以上前のことです。

それ以降は、たまに帰って、不毛な口げんかをするだけ。なので、父が要介護になってからの方が、それまで父と話した総量を上回るであろうと思います。

ですから、私にとって介護とは、両親との関係を見直し、壊れたところ、誤解だったところは修復し、家族にささやかな喜びを醸す試みでした。

そのような目から見れば、「介護」を、あたかも「災厄」のように扱う世間の雰囲気には違和感があります。

確かに、介護は終わりが見えません。世間や職場の理解も得られず、年間一〇万人が「介護離職」している現実もあります。ことが深刻であればあるほど、報道もセンセーショナルになるもの。介護殺人、介護心中…。悲惨な記事ばかりです。

確かに、客観報道として事実であり、警鐘を鳴らすのは新聞の責務です。だが、それだけでは、私たちはひたひたと迫り来る災厄に脅えるほかありません。そして、見て見ぬふりをすることでしょう。

しかし、介護は「災厄」ではありません。命を育む営みとして見れば、子育てと同じです。介護も手がかかります。子育てにかける手間が膨大であるのと同じく、介護の手間も巨大です。介護と育児との違いは、それが成長に向かうか、衰退へ向かうか、方向が逆なだけです。

身内に介護を抱えるのが国民の「標準装備」になる時代。

そんな時代が来た今、私たちはどういう社会を作っていくべきでしょうか。

そのかぎは「ささやかな喜び」にあると思います。それは「スズメが朝から元気いっぱいだな」とか、「今日、先生にほめられて嬉しかった」とかいったものです。そんな「ささやかな喜び」こそが日常の暮らしを幸せにしているのと同じように、介護もまた「ささやかな喜び」を伴う穏やかな「日常」にしていかなければ、日本人はこの先、不幸の坂を転がり落ちるほかなくなるでしょう。

「介護における、ささやかな喜び」。当時はこんなことをテーマにする専門家は見当たりませんでした。ならば自分で見つけよう。厳しい現実の岩に爪を立てるように。苦しいこともあるでしょう。悲しいこともあるでしょう。だけど、私たちはくじけない、泣くのはいやだ、笑ってやろう！　ＮＨＫの人気人形劇の歌の思いそのままです。

コラムに対する反響のお手紙の中に「楽しく読んでいます」という言葉を見つけると、自分の気持ちが通じたようで本当に嬉しいです。「深刻なテーマを扱っているはずなのに、どうしてクスッと笑えるのでしょうか」と、不思議がるお手紙も頂きました。

多分ですが、「ささやかな喜び」を意識して探すうちに、介護をしている相手への興味が湧いてきたからではないでしょうか。コラムでも、しばしば戦争の記憶などに触れましたが、聞けば聞くほど初めて聞く話ばかりで、興味深かった。本人たちがこの世を去った今では、もう聞けなくなりましたが。

介護は大変です。ですが、介護を受ける相手が生きてきた軌跡に興味を持つと、介護の辛さは軽くなるのではないでしょうか。もちろん、すべての人、すべての家族に当てはまるわけではありません。このコラムは、ただの一例でしかありません。

ですが、目の前に横たわる老いた親、あるいは祖父母かもしれませんが、彼らに対する「興味の入り口」はどこかにあるはずです。数十年を時代とともに生きてきたのです。きっと何かある。三浦はそう信じます。

もし、それで一グラムでも心が軽くなるならば、亡き父と母も喜ぶことでしょう。「耕喜に恥をかかされた」とすねる可能性もあります。

ともあれ、父母に成り代わって御礼申し上げます。二年五カ月にわたって、誠に有り難うございました。

三浦耕喜

謝辞

午前四時前。薄明かりの中を、私は這ってキッチンのシンクを目指す。寝ぼけた右足を引きずり、一〇センチ進む。少し休み、左足を前に進める算段を考える。左膝の少し前に、カーペットの継ぎ目があったな。そこに左足の指先を引っかければ、力は漏れまい。

これを一時間やってみるといい。一日なら「いい運動でした」で済む。でも、一ヶ月だと嫌になる。一年続けば死にたくなる。

いや、本当に死んだりはしませんから。ほんの気持ちだけです。でも、これが一生、毎日続くのかと思うと、気が遠くなる。なぜ、自分だけが、自分だけがこうなのか。「もういやだ！こんな体」と漏れそうな声を、心の中で押し殺す。

しかし残念ながら、自分からは逃げ出せない。こんな体でも、一生引きずって回らんといかんのです。

「トロッツ、トロッツ、トロッツ…」。呪文のように心で唱える。「〜にも関わらず」という意味のドイツ語だが、私は「負けるな、負けるな、負けるなオレ」という気持ちをこめています。「トロッツ、トロッツ、トロッツ…」

蝸牛の歩みをなめてはならぬ。一センチだっていいのだ。一センチでも進んだことになる。シンクまで五メートルの距離を一時間、場合によっては一時間半で這う。

シンクの縁にたどりついた。右手はシンク、左手はいすをつかみ、膝を立てた右足に力を入れる。小刻みに震えながら左足もあげていく。左足の裏の神経が、床に接地したとの情報を返してきた。やがて膝を伸ばし、三浦耕喜は立ち上がった。立って歩くことの喜び。私の朝は、悲嘆と歓喜の中で始まる。

過労とパワハラによる長期休職、両親とも同時の「ダブル介護」、おまけに難病「パーキンソン」との宣告。だが、つくづく思うことがある。私は人に恵まれている。この本も、生と死をテーマにする映画監督の溝渕雅幸氏が、伝統ある出版社「春陽堂」の編集者・永安浩美さんをご紹介頂かねば、成らなかったことでしょう。そもそも前提として中日・東京新聞の諸先輩・後輩方のご理解と、それを裏付ける読者の応援も大きなものがありました。

介護自体も、妻、弟など家族のほか、母をそっと見守ってくれた、あるいは罵詈雑言の大騒音に耐えていただいたご近所の皆さん、時々様子を尋ねてきては、孤独ではないことを教えてくれた先輩や友人、昼夜を問わず世話に当たってくれた病院施設のスタッフ…と、枚挙に暇がありません。民俗学の研究者から介護の世界に飛び込み、「介護民俗学」を提唱する六車由美さんには、それまで漠然と考えていたことを交通整理してくださいました。苦役かと思われた介護が、歴史探訪の旅にさせてくれました。

世の中には「ここまでのし上がってきたのは、もっぱら自分の力量だ」と考える人間が大半です。ですが、それは身の程知らずの妄言でありましょう。ありとあらゆる人たちに支えられて今の自分はここにいる。

だが、最も感謝すべき相手。父と、そして母です。理由は本書に記されている通りです。不器用ではありましたが、私たち兄弟を愛情込めて育ててくれました。あなた方が失敗とか、しくじりとか思っていることですら、私たちがここにいる因となったのですから。

お二人の子として生まれ、耕喜は幸せです。尽きぬ感謝を込めて、申し上げます。

お父さん、お母さん、ありがとうございました。

二〇二〇年一月吉日

三浦耕喜

本書は、中日新聞生活面連載「生活部記者の両親ダブル介護」の二〇一六年二月から二〇一九年六月までの掲載記事に加筆し、書籍化したものです

三浦耕喜（みうら・こうき）

1970年、岐阜県に生まれる。京都大学経済学部卒業後、92年に中日新聞社（関東地方では東京新聞を発行）に入社。前橋支局、渋川通信部を経て96年より政治部。首相番、社民党、防衛庁（当時）などの各担当を務め、06~09年までベルリン特派員。政治部に帰任後は野党キャップ、首相官邸キャップとなるが、12年に過労で5カ月間仕事を休む。復帰後に生活部に異動し、14年、両親の介護のため転属を希望。岐阜支社デスクとなり、15年に名古屋本社生活部に。著書にドイツでも航空機による特攻が行われていた秘話を取材した『ヒトラーの特攻隊』（作品社）、自衛隊にもドイツの軍事オンブズマンのような仕組みが必要だと説く『兵士を守る』（同）など。

わけあり記者《きしゃ》の両親《りょうしん》ダブル介護《かいご》

2020年1月20日　初版第一刷発行

著者　三浦耕喜

発行者　伊藤良則

発行所　株式会社春陽堂書店

〒104-0061

東京都中央区銀座3-10-9　KEC銀座ビル

電話03-6264-0855(代)

カバーデザイン　足立友幸（パラスタイル）

印刷・製本　亜細亜印刷株式会社

ISBN978-4-394-90364-2　C0095